Hanspeter Knittl
Das Buch der Berührung

Hanspeter Knittl

Das Buch der Berührung

Bibliografische Information Der Deutschen Bibliothek
Die Deutsche Bibliothek verzeichnet diese Publikation
in der Deutschen Nationalbibliografie;
detaillierte bibliografische Daten sind im Internet über
http://dnb.ddb.de abrufbar.

Bibliographic information published by
Die Deutsche Bibliothek
Die Deutsche Bibliothek lists this publication in the
Deutsche Nationalbibliografie;
detailed bibliographic data
are available in the Internet at http://dnb.ddb.de.

Hanspeter Knittl – Das Buch der Berührung
ISBN 3-86516-687-3

Printed in Germany 2006

Herstellung:
Mein Buch
Wir veröffentlichen Ihr Buch
Kedenburgstraße 44
22041 Hamburg
Freecall 0800-6 34 62 82
www.MeinBu.ch

Inhaltsverzeichnis

1 Vorwort 9

2 Einleitung 11

3 Grundsätze 21

4 Alles ist Schwingung 29

5 Die Unendlichkeit 43

6 Der Geist formt die Materie 45

7 Das Schicksal 47

8 Die Entstehung 51

9 Ein Bretagneabend 85

10 Die 1. Berührung 89

11 Ebbe und Flut 127

12 Die Zeit 135

13 Die Posaunen von Jericho 141

14 Die 2. Berührung 145

15 Matriarchat – Patriarchat 155

16 Die 3. Berührung 159

17 Sprüche 215

18 1000 Lebenswege 241

19 Allgemeines 245

20 Zeitschiene 251

21 Buchende 257

Die Wahrheit ist am Anfang bitter,
doch am Ende süß.

Lügen sind am Anfang süß,
doch am Ende bitter.

Gautama Buddha

1 Vorwort

Die zahlreichen Gesprächs- und Diskussionsrunden, an denen ich im Laufe der letzten Jahre im Kreise gleich gesinnter Freunde teilnehmen durfte, ließen in mir den Wunsch entstehen, einzelne Aspekte der bei diesen Anlässen berührten Themenkreise auf Papier zu bannen. Angefangen von der Entstehung unseres Planeten (aus einer völlig anderen als der traditionellen Sicht) über die zwei globalen Katastrophen, von denen unsere Erde heimgesucht wurde, bis hin zur Wahrheit vermittelt dieses Buch dem Leser in teils erzählenden, teils erklärenden Abschnitten eine Fülle von Details zu einer nur anfänglich komplex scheinenden Materie. Ich hoffe, dass es vermag, all Jenen, die das Bedürfnis und Verlangen haben, ihrem Leben einen Sinn zu geben, es positiv zu verändern, ein hilfreicher Wegweiser für die ersten Schritte auf ihrem neuen Lebensweg zu sein.

Dass dieses Buch zustande kam, verdanke ich all Jenen, die mich in meinem Vorhaben bestärkt haben. Dadurch wurde neues Licht im Kosmos geboren, welches durch das Bewusst-Sein jener leuchtet, die sich durch die Wahrheit nicht geblendet fühlen, sondern sie in Demut annehmen; so, wie ich es tat.

In erster Linie möchte ich jenem allmächtigen Wesen danken, das mich inspirierte und durch dessen Existenz ich erfahren darf. Es ist sozusagen der Geist dieses Buches.

Mein inniger Dank gebührt auch meiner Mutter, die für die Verwirklichung meines Vorhabens viele Stunden geopfert hat, sowie meiner Lektorin Eleonore Kraus, deren selbstloser und unermüdlicher Einsatz dieses Buch erst zu dem machte, was du gerade in

Händen hältst. Ich danke meinen Kindern für ihr SEIN; vielleicht darf eines von ihnen diesen Weg vollenden,
... denn er ist wunderbar ...

Aus allertiefstem Herzen danke ich auch jenem Wesen, das mich auf meinen Weg zurückgeführt hat. Harry, ich danke dir! Natürlich gilt mein Dank auch Robert, einem wundervollen Freund, der mich immer wieder mit News versorgt, sowie all jenen Kollegen, die mich viel aus ihrem Leben lehren.
Nicht zuletzt geht mein Dank auch an ALLE anderen Verwandten und Bekannten, die meinen Weg kreuzten. Sie ALLE taten dies aus einem ganz bestimmten
Grund ...

... um dieses Buch, das BUCH DER BERÜHRUNG, entstehen zu lassen.

Hanspeter Knittl

2 Einleitung

Ich kann verstehen, dass der Mensch von heute – je nachdem wie tief sein Glaube in der jahrhundertelang überlieferten Darstellung der Geschichte und den Auslegungen der Wissenschaft verankert ist – sich durch das ans Lichtkommen der Wahrheit verunsichert, ja sogar bedroht fühlen könnte. Würde doch dadurch alles, woran er bisher vorbehaltlos geglaubt, in Frage gestellt und sein Weltbild in seinen Grundfesten erschüttert werden.

Doch andererseits wird er sich nicht mehr lange der Tatsache verschließen können, dass sich die Zahl der Zweifler zusehends mehrt und sich immer mehr Wissenschaftler mit unserer Vergangenheit kritisch auseinander setzen und eigene Thesen darüber aufstellen. Nichts liegt mir ferner als einen gläubigen Menschen von seiner Überzeugung abbringen zu wollen, doch wünsche ich mir, in seinem eigenen Interesse, dass auch er allmählich den Weg zu seiner Selbstfindung, zum wahren Glück, erkennen möge.

Dieses Buch handelt von der Vergangenheit
– Woher komme ich –
und gliedert sich in 4 Teile:

Der 1. Teil enthält einfache physikalische Gesetze und setzt sich mit einer Reihe von Grundsätzen auseinander, die in jedem Leben Anwendung finden.
Meine diesbezüglichen Ausführungen ermöglichen dann im 2. Teil des vorliegenden Buches den Übergang auf eine kurze Darstellung der gesamten Entstehungsgeschichte des Kosmos wie auch der unserer Erde.
Der 3. Teil behandelt die Schöpfung des Lebens.
Im 4. Teil wird ergänzend auf verschiedene Dinge allgemeiner Natur eingegangen.

JEDER Mensch erLebt IN seinem Leben Augenblicke, in denen das Gefühl zu ihm spricht.
Lasse dich von deinem Gefühl durch dieses Buch leiten. Wenn du es im Augenblick nicht deutlich verspürst, dann lese nicht weiter, mach' eine Pause. Lese erst dann weiter, wenn du wieder ganz IN deinem Gefühl bist. Ich beginne dieses Buch deshalb mit diesen Zeilen, weil ich das Vorerwähnte für dich überaus wichtig halte.

Es macht einen großen Unterschied, ob du ein Buch liest, weil es dich gerade interessiert, oder weil du eine »Neue Welt« entdecken willst.

Es ist die gleiche Welt, IN welcher du gerade lebst, und trotzdem verändert sie sich für dich.
Du veränderst dich in jedem Augenblick.
Du selbst bist immer ein Spiegel deines augenblicklichen Bewusst-Seins, deiner augenblicklichen Erfahrungen.
Du kennst viele Menschen und wenn du dich umsiehst, dann wirst du nicht nur erkennen, dass jeder Mensch IN seiner eigenen Welt lebt, sondern auch wie er darin lebt. Jeder Mensch hat seine Eigenschaften und bevorzugt dies und jenes IN seinem Leben.

Jeder Mensch lebt IN seiner eigenen Welt.
Jeder nach seinem »Geschmack«.

Viele wissen, dass alle Menschen (mehr oder weniger) manipuliert werden. Dies geschieht größtenteils durch die Medien, denn Radio und Fernsehen sind mittlerweile in fast jedem Haushalt vorzufinden. Erziehung und Schulbildung bilden den größten Teil unserer »restlichen« LebensErfahrung, unseres Bewusst-Seins. Diese Erfahrungen beziehen wir jedoch von Menschen, die ihr Wissen ebenfalls von Anderen oder aus Büchern übermittelt bekamen.

Über die Ursprünge unseres wahren Seins weiß die Menschheit jedoch sehr wenig, denn seltsamerweise machen sich nur wenige Menschen darüber Gedanken (speziell jene der westlichen Welt). Dies verwundert mich nicht, denn wir alle werden tagaus tagein dazu angehalten, uns mit Dingen zu beschäftigen, deren Ausmaß uns so gut wie keine Zeit für die Beschäftigung mit anderen Dingen des Lebens lässt.

Die Ruhe ist jedoch immer DA.
Warum aber wird sie dann von so Wenigen genutzt?

Nicht ohne Grund werden wir mit dieser Unzahl an Dingen beschäftigt ...
Denn, solange z.B. eine Kuh nicht weiß, dass der Schlag, den sie beim Kontakt mit dem elektrischen Zaun verspürt, nur gering ist, wird sie weiterhin innerhalb des Zaunes bleiben. Doch die Kuh, die darum weiß und den Zaun deshalb nicht mehr als unüberwindliches Hindernis anerkennt, wird letztendlich der Auslöser dafür sein, dass eine zusehends größer werdende Herde ihrer Artgenossen den Zaun durchbricht und in Freiheit lebt – sie erLebt.
Dieses Buch kann nicht Allen dienen.
Ob es vermag, dir zu dienen, hängt einzig und allein von deinem Bewusst-Sein ab und auch davon, ob dieser Zeitpunkt dafür der Richtige ist, oder nicht. Da du dieses Buch nun einmal in Händen hältst und diese Zeilen liest, kannst du dir dessen sicher sein, dass dies kein Zufall ist. Zufälle gibt es nicht. Es sind nur vermeintliche Zufälle, die durch begrenztes Bewusst-Sein entstehen.

Mit deinem Bewusst-Sein meine ich jedoch nicht deine Intelligenz, denn auch Wissenschaftler können genauso IN ihrem Wissen geblendet sein wie Arbeiter, Bauern, Beamte, oder Politiker.

Es spielt deshalb keine Rolle, welcher Gesellschaft du angehörst.
Bewusst-Sein ist nicht ein Ausdruck der Gesellschaft, sondern deiner SELBST.
Bewusst-Sein ist Weisheit.
Weisheit hat nichts mit Intelligenz zu tun.

Willst du ein Leben in Angst
oder ein Leben in Freiheit?

Wenn du frei bist, kennst du keine Angst.
Je größer deine Angst,
desto weniger kennst du die Freiheit.

Der Grundsatz der Medien lautet nicht umsonst:
Angst verbreiten.

Der größte Teil dieses Buches geschah.
Mehr ist ES nicht.
Durch dieses Buch durfte ich Einsicht erfahren.

DANKE

Zu den meisten Themen werden in diesem Buch nur die wichtigsten Grundsätze mitgeliefert.
Ausführlichere Erklärungen zu jedem einzelnen Thema sind auf Anfrage jedoch jederzeit erhältlich (s. Kap.: Buchende Kontaktadresse).

Noch habe ich nicht alle meine Schritte beendet, denn dann würde ich ja nicht mehr unter Euch weilen. Du selbst beeinflusst in deinem Tun die Schritte allen Seins.
Du bist ein Teil des All-Eins, das sich mit dir formt.

Also beeinflusst du mich genauso ...

Das, was kommen wird,
das sollst du erkennen.

Das, was es zu erkennen gibt,
wird zur Erfahrung.

Dein ist das Erfahren aus dem Sein.
Aus dem All-Eins sein.

Vielleicht auch aus der Meditation,
die das All-Eins ermöglicht.

Also versuchen wir zunächst einmal zu erfahren, welcher Weg der deine ist.

Das Erfahren des Seins geht immer den gleichen Weg.
Dieser Weg wurde schon tausende Male beschritten und will noch tausende Male gegangen werden.

Wahrheit zu erfahren ist nicht leicht, obwohl sie nur eines voraussetzt:

Den offenen Geist.

Das hört sich einfach an, doch du wirst rasch erkennen, wie sehr dein bisheriges Leben deinen Geist verschlossen gehalten hat. Er war bislang nicht offen, sondern zu.

Es ist jedoch immer dein Selbst,
das dieses »Zu« machen zulässt.
Deine Kindheit, deine Erziehung,
deine Schulbildung, dein Umfeld,
deine Bekannten und Verwandten
sind für deinen offenen Geist genauso wichtig
wie die Erfahrung aus deinem Alltag,
aus dem Erkennen deiner Sinne.

Um das, was ich damit meine, auch wahrzunehmen, versetze dich nun ganz bewusst in folgenden Zustand.

Sobald du die tiefer stehenden Zeilen gelesen hast, lehne oder lege dich zurück und schließe die Augen. Versuche danach, deine anderen Sinne so bewusst wie möglich wahrzunehmen.

Sobald du deine Augen geschlossen hast, wirst du bemerken, dass dein wichtigster Sinn dir nichts »meldet«. Nun meldet sich wahrscheinlich sofort dein zweit wichtigster Sinn, dein Gehör.

Versuche also, dich nicht auf das Gehör zu konzentrieren, sondern gehe weiter IN deine anderen Sinne.

Dein Geschmack kann dir vielleicht ein wenig von seinem Zustand senden ...

Nun gehe IN deinen Geruchsinn und versuche, so genau wie möglich festzustellen, welche Gerüche sich gerade um dich ausbreiten.
Versuche, sie zu beschreiben.
Nur für dich, in deinem Inneren.

Und nun gehe mit all deiner Aufmerksamkeit,
mit deinem ganzen Bewusst-Sein
IN dein Gefühl.
Verspüre, was sich auf deiner Hautoberfläche tut.
Worauf liegst oder sitzt du?
Wie fühlt sich dein Körper immer tiefer IN dir an?
Wie deine Organe? ...

Wie nimmst du dein Herz wahr?
Wie gehst du damit um?
Durch dieses Organ, dein Herz, durch dieses (Herz-) Chakra, darfst du das All-Eins erfahren.
Hier sollst du sein,
bevor du weiter liest.

Erst wenn du verstehst, was ich damit meine,
solltest du den Inhalt nachfolgender Zeilen erfahren.

Solange du den Inhalt nicht durch dein HERZ erkennst,
wirst du dieses Buch vorerst einmal nur lesen.

Das Eine bedingt das Andere.
Sobald du beide Seiten kennen gelernt hast und
sie erfahren durftest, wirst du erkennen,
dass

Alles IST

Du wirst immer weniger in deinem Leben bewerten. Immer weniger urteilen und immer freier werden.

Deine Freiheit erkennst du ganz leicht an deinen Ängsten. Welche Ängste leiten dich?
Werde dir all dessen bewusst, was du in deinem Leben tust, nur um irgendwelchen Ängsten auszuweichen. Überdenke, wie viel deines gesamten Lebens gesteuert wird.
Überprüfe, wie viel du einfach als gegeben hinnimmst.
Hinterfrage, was du in deinem Leben alles aus eigener Erfahrung lebst. Danach wirst du erkennen, wie sehr du allein aus der anerzogenen Moral lebst.
Doch wer hat diese moralischen Regeln aufgestellt? Weißt du es?

Gesellschaft und Kirche waren es.

Ich möchte weder die eine noch die andere als böse oder gut bezeichnen, denn das wäre bereits wieder eine Reihung, eine duale Geschichte. Deshalb sollte hier zuerst einmal klargestellt werden, dass ALLES, was über Wörter weiter gegeben wird, immer in der Dualität geschrieben werden muss.

Dadurch wirst du alles Gelesene, im Gegensatz zum gesprochenen Wort, in deine duale Auffassung einreihen. Und genauso kannst du dich dieser Bewertung entziehen, wenn du versuchst, immer

beide Seiten zu suchen und zu erkennen. Nur dann wirst du erfahren, dass es in Wirklichkeit kein Gut und Böse gibt, d.h. nicht wirklich das Duale, auch wenn es dir gerade so scheinen mag.
Du erkennst, dass ALLES als Kreislauf besteht. Das Eine ergänzt das Andere.

Das Sein wertet nicht.
Es IST.

Die Zeit,
sie wertet nicht.
Sie IST.

Du,
beWerte nicht

SEI

Wenn du erkennst,
dass du weder SIE
noch ER bist.
Wenn du erfahren hast,
dass du nicht dein Körper bist,
dann darfst du das All-Eins erfahren.

Es IST

Das Schauspiel, dem wir auf unserem Planeten beiwohnen können, ist von kurzer Dauer.
Viele Millionen Jahre des Lebens, wie die Wissenschaft behauptet, verkürzen sich sehr schnell zu biblischen Zeiten, denn das Leben hier (auf der Erde) ist noch nicht alt. Die Zeitdehnung zu Millionen von Jahren wurde erst im vorigen Jahrhundert durch die Evolutionstheorie von Darwin und der Gleichförmigkeitstheorie von Lyell erfunden. Nicht umsonst handelt es sich dabei um Theorien, die im Widerspruch zur Natur stehen. Letztere lässt dich erkennen, dass es weder eine Evolution der Arten, noch eine Gleichförmigkeit gegeben hat.

Dennoch hält die Wissenschaft an diesen Theorien fest.
Die Wenigsten wissen, dass Darwin ein Schüler Lyells war und seine Theorie daher aus einer »Quelle« stammt.

Deine Energie geht durch diese lange, dir vorgegaukelte, Zeit im Nichts auf.

Erkenne die Steuerungen,
welche dich beeinflussen.
Erkenne deine Ängste.
SIE sind der Spiegel deiner Macht.
Du bist nicht mächtig im Sinne der Materie.
Du bist mächtig IM Sein.
Im All-Eins.

ES IST

Wenn du daraus erfahren darfst,
so öffnet sich dir die Welt.

Und du darfst erfahren, dass du schon immer im Paradies lebst. Du darfst DIES jedoch NIE zu früh erfahren, denn vorher könntest du mit dieser Erfahrung noch nicht umgehen. Dein Bewusst-Sein muss dazu bereit sein. Viele Menschen, die ihr DaSein in Irrenanstalten verbringen, wurden von ihrem SEIN zu früh mit Erfahrungen konfrontiert. Auch diese Seite des Seins sollte erfahren werden.

Oder glaubst du, dass ein anderer als du dein Leben
leben kann?
Glaubst du, dass jemand anderer dich heilt?
Glaubst du, dass angebetetes Leid,
(das Leiden Christi am Kreuz)
glücklich machen kann?

Glaubst du, dass du ALLES Sein mit deinen fünf Sinnen wahrnehmen kannst?

Glaubst du,
dass du DICH lebst?

So, wie du BIST ...

In jedem Leben gibt es besondere Stationen; Stationen, die uns Anlass geben sollten, die daraus gemachten Erfahrungen zu sammeln.
Wenn sich einige dieser Stationen in deinem Leben öfter wiederholen, dann ist dies darauf zurückzuführen, dass du aus ihnen noch nicht die für dich nötige Erfahrung gesammelt hast.
Dadurch wiederholt sich dein Schicksal.
Diese Lebensstationen werden zwar immer anders verlaufen, doch dein Erfahrungssinn wird dabei der gleiche bleiben. Um diese Erfahrungen sammeln zu können, erlebe dein Leben »nur«

BEWUSST

3 Grundsätze

Es gibt einige wenige Grundsätze, die die Voraussetzung für das Verstehen der Schöpfung bilden. Für das Verstehen deiner Selbst, deines Lebens und dessen Sinn. Etwas zu verstehen, bedeutet immer etwas mit dem Verstand, also mit dem Gehirn, aufzunehmen.

Es handelt sich hier um die patriarchale (männliche) Seite einer Sache. Durch die Dualität gibt es jedoch auch die andere, die matriarchale (weibliche) Seite dieser »Geschichte«. Sie wird mit dem Gefühl (Bauch) aufgenommen. Sie benötigt keine Erklärung, Sie wird geahnt, gefühlt und im Fluss des Seins betrachtet. Der Idealfall ist die bewertungsfreie Akzeptanz, die Mitte.

All-Eins – die Mitte – das Herz

Sie ist deine Seite; die, welche du IN dir erfahren sollst. Deshalb möchte ich dir über diese Seite dein Wissen vermitteln. Das, woraus deine Gedanken ohne allzu viel Bewertung dein Gefühl formen sollen. Letztendlich wirst du erkennen, dass zum »Verstehen« weniger ein großes Maß an Theorie als vielmehr das Fühlen erforderlich ist. Dieses Fühlen kann allein durch das Lesen, durch Meditation, oder auch durch erwachendes Bewusst-Sein entstehen. Du lebst in einer Welt, in der alles verstanden werden will. Dadurch wird auch Vieles missverstanden. Deine innerste Wahrnehmung, dein Gefühl, kann sich nicht irren. Also trainiere einfach dein Gefühl und du wirst verstehen.

Du wirst die Wahrheit erkennen.

Die Wahrheit liegt in der Meditation

Dort, wo nichts anderes ist als du SELBST.
Fangen wir bei deinem Lebensspender, der Sonne, an:

Das Sonnenlicht, welches du als Wärme verspürst, ist Energie. Energieübertragung ist jedoch nur dann möglich, wenn der gesamte Raum (der Äther) gefüllt ist. Diese Fülle ist das All-Eins, die geistige Welt. Dort herrscht die Unendlichkeit (s. Kap.: Unendlichkeit).

Die Dualität als Zahl, die immer geteilt werden kann.
Die geistige Welt als Unendlichkeit.
Es ist das, was unsere Vorfahren als Trinität bezeichneten. Im Keltentum als Triskele bekannt.
Diese allein formt die 3 Eigenschaften unserer Materie.

Temperatur,

Aggregatzustand

und Gravitation

... sonst gibt es nichts

Alles andere entsteht daraus.
Daher möchte ich dir diese 3 physikalischen Eigenschaften etwas genauer erklären.

Die Temperatur

Temperatur fließt.
Jeder Temperaturunterschied will ausgeglichen werden.
Es ist das Bestreben allen Seins,
zurück zu fließen ins All-Eins.
Die Wärme strömt dabei immer zur Kälte.
Mehr gibt es darüber nicht zu sagen; die Temperatur ist also eine einfache »Geschichte«. Die Begriffe warm und kalt begegnen dir im täglichen Leben ja oft genug.

Der Aggregatzustand

Es gibt 4 Erscheinungsformen der Materie,
also 4 Aggregatzustände.
Fest – flüssig – gasförmig – plasmatisch.
Sie sind einzig und allein von der Temperatur abhängig. Durch Energiezufuhr in Form von Wärme erhöht sich die Eigenbewegung der Atome und die Materie wird flüssig, bzw. bei höherer Temperatur, gasförmig. Nicht jedes Element durchläuft jeden dieser 4 Zustände.

Die Materie besitzt 4 Ausdehnungen.
Du kennst daher 4 Himmelsrichtungen, 4 Jahreszeiten, die 4 Elemente und 4 Aggregatzustände.
Und auch 4 Dimensionen, um einen Punkt im Raum zu definieren.
Drei räumliche Dimensionen plus die Zeit = 4.
Ebenso 4 Körper (physisch, ätherisch, mental, astral).

Fest– die Bindung der einzelnen Atome ist trotz Anziehung (Gravitation) nicht möglich. Damit ist gemeint, dass sich z. B. einzelne Steine, Eisenspäne, etc. nicht mehr von selbst miteinander verbinden können.

Flüssig – die Anziehung (Gravitation) ist noch immer da, ebenso die Bindung. Wassertropfen verbinden sich miteinander und lassen so unser Wassersystem entstehen. Die Ozeane und unsere Flüsse sind ja nicht wirklich voneinander getrennt. Jeder Ozean ist mit dem anderen verbunden, und genauso kannst du vom Ozean durch jeden Fluss bis an seine Quelle gelangen. Es ist ein Wassersystem wie dein Blutkreislauf und dein Arteriensystem.
Wie im Großen, so im Kleinen.

Gasförmig – die Eigenbewegung innerhalb des Atoms ist so groß, dass sich die einzelnen Atome nicht mehr binden (z. B. Wasserdampf).
Die Atome strömen durch ihre hohe Eigenenergie voneinander weg.

Genauso wie der Erfahrungsweg jedes Lebens:
(Vergangenheit – Gegenwart – Zukunft)

Plasmatisch – durch die hohe Energie innerhalb der Atome enthalten diese freie Ladungsträger (Ionen, Elektronen). Fast das gesamte sichtbare Universum (ca. 99%) besteht aus diesen ionisierten Gasen.

Da du in der festen Materie lebst, durchläufst auch du
die drei ersten Aggregatzustände,
und am Ende lässt du alles los,
genauso, wie der Wasserdampf,
der sich unseren Sinne entzieht,
wenn er verdunstet.
Er bleibt jedoch, wie du durch Luftfeuchtigkeitsmessung feststellen kannst, trotzdem erhalten.

So, wie deine Seele erhalten bleibt und nur der Körper geht. (Der 4. Aggregatzustand, die 4 Jahreszeiten im Leben)

Die Gravitation (Anziehungskraft)

Die Natur kann immer nur die einfachste Form in der Materie wählen, denn die geistige Welt lässt nur diese entstehen.
Alles in der Natur wählt deshalb immer die einfachste Form, um zu erfahren. (Manchmal jedoch lässt dich dein Bewusst-Sein diese Einfachheit noch nicht erfahren – erkennen).
Die Vielfalt nährt das Erfahren aus der Natur.
Auch die Bewusstwerdung der Menschheit wird auf diese Weise genährt.

Materie, die ausnahmslos aus Wasserstoff entstanden ist, war ursprünglich die einfachste Form der Materie, das einfachste Atom. Die erzeugte Dualität (Materie) will dadurch immer in sich zusammenfallen. Jedes Atom neigt dazu. Nur die Bewegung zueinander lässt die Polarität entstehen. Positiv und Negativ (Kern und Elektron). Das Leben (die Bewegung) jedes Atoms.
Die Bewegung der Materie durch die Elemente (Feuer, Wasser, Luft

und Erde) erfolgt genauso, wie die Be-Lebung deines Körpers. Die Elemente IN dir schaffen die Voraussetzung dafür. Die Steuerung dieser Elemente erfolgt sehr genau. Die Zentralen dieser Steuerung sind deine Chakren. (Nähere Einzelheiten dazu wirst du in dem von mir geplanten Chakrenbuch finden).

Die Bewegung der Elektronen funktioniert genauso, wie das Umkreisen der Sonne von unseren Planeten (wie im Großen so im Kleinen).
So, wie die Erde ohne Bewegung um die Sonne sofort der Sonne zustreben würde. Gravitation und Fliehkraft halten sich die Waage, sie gleichen immer aus.

Die Anziehung des Kerns der Atome, also genau deren Mittelpunkt, das All-Eins, aus dem alles entstanden ist, erzeugt die Gravitation. Warum sonst würden die Elektronen den Atomkern umkreisen?

Da Atome an der Oberfläche eines Körpers nur eine Bindung innerhalb des Körpers haben, bauen sie Gravitation auf. Es ist nichts anderes als ein Verlangen nach Bindung um sie herum (wie bei weiblich und männlich).
Deshalb bilden alle Flüssigkeiten im schwerelosen Raum Kugeln. Eine Kugel ist die einfachste Form; gemessen an ihrer kleinen Oberfläche, besitzt sie das größte Volumen. Aufgrund dieses Bedürfnisses nach Bindung wird die Oberfläche so klein wie möglich gehalten – eine Kugel entsteht.

Für das Erfahren der Gravitation musst du erkennen, dass es ein alles durchflutendes Medium gibt.
Ein energieloser Stoff, der dadurch masselos ist.
Die Unendlichkeit (das All-Eins) kann weder Masse noch Energie besitzen. Alles, was IN diese Ebene fließt, wird daher wieder abgegeben, wobei der Äther wie ein Transformator wirkt. Es geschieht eine Wandlung, sonst nichts.

Aus genau diesem Grund können wir diesen Stoff niemals nachweisen oder messen. Jede Messung selbst erzeugt Energie. Sie ist daher falsch. Messungen können nur in der Materie durchgeführt werden. Dieser Stoff, der Äther, ist das Tor zur geistigen Welt. Er ist derjenige, der alle von ihm gesendete Energie wieder aufnimmt. Er ist sozusagen die Verbindung aller Zentren (Atomkerne) untereinander. Die Energieabgabe jedes einzelnen Atoms. Durch die verschiedenen Erstarrungsstufen der Aggregatzustände nimmt der Äther Energie auf. Der Prozess dieser Energieaufnahme veranlasst ihn, sich zu bewegen. Um diese Energie auszugleichen, vollführt er eine spiralförmige Bewegung. Diese Spiralen im Äther lassen auch die Energiezentren erkennen, die du als Wesen wahrnimmst.

Jede in der Dualität erzeugte Bewegung (z.B. die Ellipsenbahnen der Planeten, durch die es zu einer Beschleunigung und Verzögerung kommt) gibt Energie an den Äther ab (an anderer Stelle wird wiederum Energie oder Materie geschöpft).

Die Temperatur bestimmt den Aggregatzustand, der Aggregatzustand erzeugt die Gravitation.
Da die Materie dual ist, kennt sie nur 2 Seiten und nicht alle drei, denn die dritte Seite ist das All-Eins.
Daher gibt es nur eine duale Umformung:
Den Übergang der Wärme in Bewegung und umgekehrt. Materie (Bewegung) und Energie (Wärme).
Sonst nichts!
Du kannst immer aus der Zwei erfahren (Dualität).

Materie und Energie

Materie kann in Energie verwandelt werden
und genauso kann Energie materialisiert werden.

An diesem Punkt bist du auch schon wieder am Ende angelangt. Denn da die Natur einfach ist, ist nicht viel Wissen erforderlich, um sie zu verstehen. Es genügt das »Spüren des Lebens«.
Apropos Physik: Weißt du eigentlich, dass es bis heute keine wissenschaftliche Erklärung für die Gravitation gibt?
Das Hinstreben zum einfachsten Erscheinen (All-Eins) innerhalb

der Dualität (der Materie, des Atoms) ist der Grund für das Entstehen der Gravitationskraft.

Der gesamte Kosmos funktioniert einfach.
Alles in der Natur trachtet IN allem, mit den einfachsten Mitteln den größtmöglichen Erfolg zu erzielen. (z.B. Kugelform).

4 Alles ist Schwingung

Deshalb gehen wir nun zur Musik über.
Da die Musik für den Menschen die vertrauteste aller Schwingungen ist, möchte ich dir die Schwingungen anhand der uns vertrauten Musik erklären.

Die einfachste Schwingung ist ein Grundton, ein Ton, der jedoch nur elektronisch erzeugt werden kann. Jedes Naturinstrument erklingt beim Spielen eines Grundtones in seiner eigenen Klangfarbe, es erzeugt also ein Schwingungsmuster. Nur durch dieses Schwingungsmuster können wir die einzelnen Instrumente voneinander unterscheiden. Wenn zum Beispiel eine Gitarre oder ein Klavier den Grundton A spielt, könnten wir denselben ohne Schwingungsmuster des Instrumentes nicht unterscheiden. Elektronisch kann man jedoch einen Grundton allein erzeugen. Der Anfang der elektronischen Schwingungserzeugung (Wave-Generator) war die Ära der Synthesizer in der Musik.

Ein solcher Grundton ist nun aufgrund einer definierten Maßeinheit leicht messbar. Mit dieser Einheit, die wir Hertz nennen, wird die Anzahl der Schwingungen pro Sekunde gemessen. Die Anzahl der Schwingungen pro Sekunde wird als Frequenz bezeichnet.

Eine Schwingung ist jedoch nichts anderes als ein Kreis. Durch die Zeit öffnen wir wiederum (wie im Großen, so im Kleinen) diesen Kreis und können so die Schwingung als Sinus darstellen. Dadurch ist Musik möglich. Ihr Takt ist die »Erinnerung« an die Zeit. Durch dieses Zeitmaß, das heißt durch den Takt, kannst du dich gut in einen entspannten meditativen Zustand versetzen. Es ist das Urmaß aller Dinge.

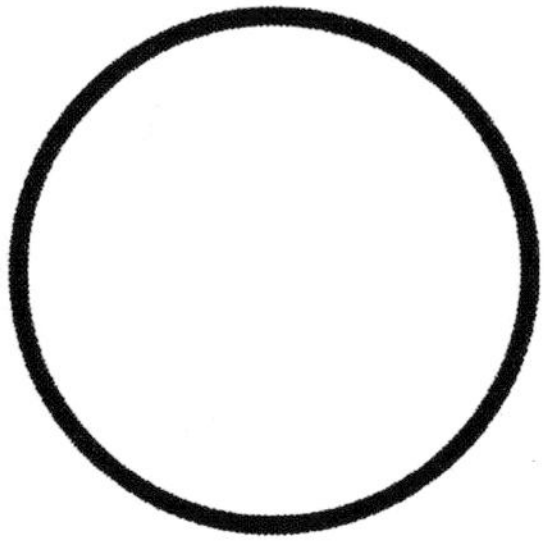

Der Kreis - Das All-Eins (der unendliche Punkt)

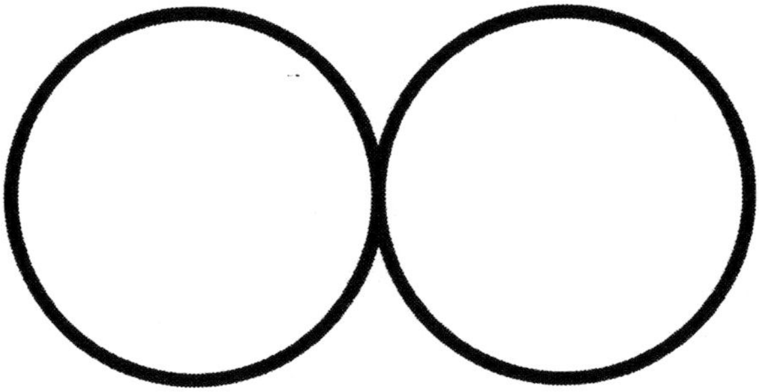

2 Kreise - die Dualität

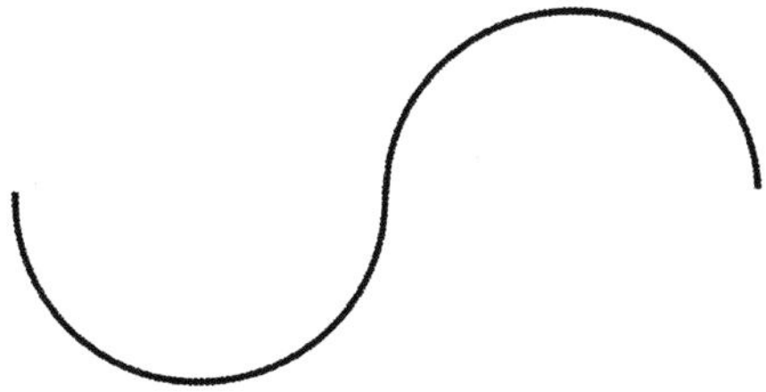

Der Sinus - der Kreis teilt sich in 2 Hälften - die Geburt der Dualität. (Tag und Nacht, Gut und Böse etc.)

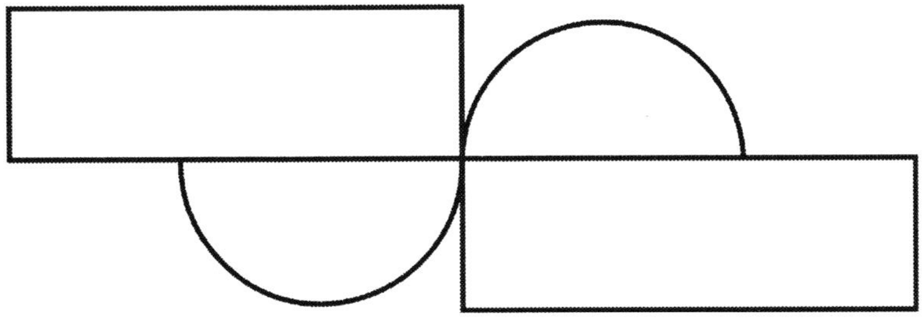

Der Sinus - jeweils eine Hälfte der beiden Kreise werden hier bewusst mit einem Rechteck ausgeblendet - die Zeit.

Erwachsene können etwa von 16 bis 17.000 Hz hören. Kinder, deren Trommelfell wesentlich kleiner als das der Erwachsenen ist, hören bis 20.000 Hz und darüber. Dass Elefanten vel tiefere Frequenzen als der Mensch wahrnehmen können, erklärt sich durch ihr viel größeres Trommelfell. Durch ihr stärker ausgeprägtes Gehör und aufgrund ihrer Körpermasse (Trägheit) sind große Tiere die Ersten (nach den Bäumen), die Erdbebenwellen wahrnehmen. Durch ihr Verhalten warnen sie alle anderen Rassen. Bei den Menschen ist dieser Instinkt verloren gegangen und sie müssen daher auf Instrumente (Infraschallsensoren, etc.) zurückgreifen, um die Gefahr zu erkennen und sich vor Naturkatastrophen zu schützen.

Sicher hast du schon einmal einen Stein in ein stehendes Gewässer geworfen und festgestellt, das sich an jener Stelle, wo der Stein versinkt, ringförmige Wellen ausbreiten. Wenn du nun diese Welle in ihrer Mitte durchschneiden, und den Wellenverlauf verfolgen würdest, dann sähst du genau diesen Sinus. Auch das Geräusch, das du beim Aufprall des Steines auf dem Wasser hörst, bildet genau die gleichen Schwingungen, wie du sie als Wellen wahrnehmen kannst; nur in einem anderen Frequenzbereich, und zwar in jenem, den dein Ohr vernehmen kann. Dein Auge sieht Schwingungen genau so, wie deine Ohren diese hören können. Allerdings liegt der Frequenzbereich viel höher. Während dich dein Gehör ca. zehn Oktaven wahrnehmen lässt, können deine Augen nur eine Oktave »sehen«. Deshalb sind Schwingungen am besten mit Hilfe des Hörbereichs erklärbar.

Eine Oktave ist stets die Verdoppelung oder Halbierung einer Frequenz. In der Musik schwingt der Grundton A mit 440 Hz. Willst du diesen Grundton A eine Oktave höher spielen, so schwingt er mit 880 Hz, usw.

Du siehst also, dass, je länger der Stein im Wasser liegt, die Wellen immer kleiner werden. Den Unterschied zwischen Wellenberg und Wellental nennt man die Amplitude. Sie ist sozusagen die Größe des Kreises. Sie wird in Dezibel gemessen (dB).

Du kannst auch erkennen, dass die Wellen immer kleiner werden, je weiter sie sich von ihrem Mittelpunkt, dem Aufschlagspunkt des Steines, entfernen. Genauso wie bei den hörbaren Frequenzen, nimmt die Intensität (Amplitude) ab; die Lautstärke sinkt. Dieses Ergebnis ist verständlich, denn da die Energie Materie bewegen muss, verbraucht sie sich. Das Wasser und die Luft der Atmosphäre, veranschaulicht durch die Wirkung des Steines.

Diese reinen Grundtöne werden nun bei den Naturinstrumenten mit vielen anderen Tönen vermischt. Hier wiederum sind die harmonischen Obertöne, die Oktaven, am stärksten ausgeprägt.
Die Wirkung der dir bekannten Homöopathie erfolgt konform zu diesem Muster.

Der »Takt der Musik« bringt uns nun zum zweiten Teil der Schwingungen, den ich dir mit folgenden Ausführungen etwas näher bringen möchte.

Der Rhythmus ist ein immer wiederkehrender Höhepunkt, auf den stets ein Tiefpunkt folgt. Immer wieder erlebst du einmal bessere, einmal schlechtere Zeiten.
Manchmal währen sie nur Tage; manchmal jedoch auch Wochen oder Monate. Je nachdem, wie schnell dein Takt im Frequenzbereich deiner Erfahrung ist. Du gehst auf deinem gesamten Lebensweg über viele Stufen, von denen dir jede einzelne eine neue Erfahrung bringt. Jede Stufe ist stets ein Lernen und ein »Ausrasten«, eine Stufe, auf der du erfahren sollst. Der Intervall zwischen Lernen und Ausrasten (z.B. Wach- und Schlafzustand) ist eine der Grundschwingungen auf deinem Lebensweg.

Damit wären wir auch schon beim 3. Teil der Schwingungen, bei der Unterteilung der Oktaven, angelangt.
Wir könnten diese in unendlich viele Einzeltöne unterteilen; aber nein, wir unterteilen eine Oktave bewusst in 12 Teile. Die Zahl 12 ist in unserem Leben sehr präsent, denn alles auf der Erde verläuft nach diesem Rhythmus. Es gibt 12 Sternzeichen und zur Zeit der Entstehung unseres Sonnensystems gab es 12 Planeten. Wir unterteilen das Jahr in 12 Monate und die Tage wiederum in 2 mal 12 Stunden. Unsere Uhren beginnen nach 12 Stunden (Analoguh-

ren) wieder von vorne an zu zählen. Auch eine Oktave wird in 12 Halbtöne unterteilt.

Reine Harmonie klingt in der Musik nie so gut, wie eingefärbte Harmonie, womit wir auch schon beim nächsten Schwingungsthema angelangt sind.

Wenn in einem großen Orchester sämtliche Instrumente präzise gestimmt sind, so ist das Ergebnis weitaus weniger füllend und kraftvoll als das eines Orchesters, in dem einige Instrumente nicht genau gestimmt wurden.

Die Harmonie erfährt also ihre Kraft und Energie durch die Disharmonie.
Das Böse kräftigt immer das Gute.
Aus einem Chaos entwickelt sich immer Harmonie; einmal früher, einmal später. Unsere Erde ist seit ihrem Entstehen damit beschäftigt, Ordnung einkehren zu lassen. Den Zustand der Harmonie wird sie jedoch erst dann erreichen, wenn sie erleuchtet wird, also zum Zeitpunkt ihres Todes.

Im Kosmos herrscht nicht wirklich Ordnung (Harmonie). Wenn es uns dennoch so scheint, dann nur deswegen, weil wir eine viel zu kurze Zeit überblicken. Unsere Astronomen hingegen sehen die Unordnung im All sehr oft.
Hier können wir entdecken, dass bis zu einer Disharmonie von 7% alles in Ordnung verläuft.
Alles was darüber hinausgeht, lässt ein immer größeres Chaos entstehen, das sich jedoch stets wieder ordnet, um in Harmonie zu gelangen.

Die Sieben ist die zweite bei uns sehr stark vorherrschende Zahl.
Wir zählen 7 Wochentage. Wir kennen viele Erzählungen, in denen die Zahl 7 vorkommt.
(7 Raben, 7 Zwerge, 7 Geißlein, etc.).
Du besitzt 7 Hauptchakren, die 7 Hauptstrahlen deiner seelischen Be-Lebung.

Es gibt auch 7 Gesetze, nach denen die gesamte Schwingung, also alle Urmuster im Kosmos aufgebaut sind. Alles und jedes gehorcht diesen 7 Gesetzen.
Es sind keine physikalischen Gesetze, es sind die Gesetze des All-Eins, also immer und überall gültig, nicht nur IN der Materie.

1. Das Gesetz der Obertöne

Jede Schwingung lässt Obertöne entstehen. Die Schwingung löst sich somit in Obertöne auf. Dies ist die Information allen SEINS, welche an die geistige Welt, an das All-Eins abgegeben wird. Es wird daher aus ALLEM erfahren.

Sämtliche Heilverfahren, deren Existenz seitens der Wissenschaft negiert wird, also die feinstofflichen Heilverfahren, beruhen auf diesem Prinzip.

Ob Homöopathie, Bachblüten, Hände auflegen oder Gebete, sie alle verdienen die gleiche Beachtung wie die Schulmedizin, denn jede einzelne dieser Therapie wirkt auf ihre Weise. Bestimmte Schwingungen zu verstärken (bei Degenerationserscheinungen) oder Schwingungen abzuschwächen (bei Entzündungen) ist das einzig erwünschte Ergebnis.
Bei den geistigen Heilweisen ist es die Stärke des Vorsatzes zu gesunden, die für Erfolg oder Misserfolg ausschlaggebend ist.
Die Kraft der Gedanken ist die Erschafferin der Materie. Der Oberton befördert die Erfahrung AUS der Materie wieder ins All-Eins zurück. Es ist, wie alles, ein Kreislauf.

2. Das Gesetz des Intervalls

Es ist die Resonanz deines Lebensweges. Bist du zur richtigen Zeit am richtigen Ort, also im richtigen Intervall deiner »Grundschwingung«, dann erlebst du (gerade) eine glückliche Zeit. Du

bist IN der Zeit. Wie Musiker, wenn sie »in time« spielen. Nur wenige Musiker spüren diesen Takt innerhalb der Musik. Es ist dies der für dich hörbare Takt der Musik. Ob es nun ein 4/4 Takt oder ein anderer ist, du kannst die Genauigkeit der Musiker zunächst nicht bewusst wahrnehmen. Es ist eine Übung, wie das Musizieren selbst. Nur wenn du den Punkt, den genauen Zeitpunkt des Taktes hörst, erst dann kannst du ihn auch spielen. Erst dann hörst du, wo du zu den anderen Musikern »stehst«. Das Eins-Sein im Rhythmus erweckt bei den Rhythmen IN dir eine Resonanz. Deshalb kannst du dich durch Musik sehr gut »tragen« lassen (z. B. meditieren).
Wenn du gerade nicht so gute Tage hast, dann spielst du in deinem Leben nicht »in time«, dann liegst du etwas daneben und erfährst unglücklichere Tage.

3. Das Gesetz der Halbtöne

Eine Oktave wird in 12 Halbtöne unterteilt. Du kennst dies aus der Musik. Diese 12 Halbtöne sind die Hauptstrahlen, durch die feinstoffliche Energie aus dem Äther in die Materie strömt. Die verschiedenen Farben dieser Hauptstrahlen sind vergleichbar mit den 7 Farben der Chakren, nur sind sie feiner unterteilt.

Diese durch den Kosmos strömenden Energien kannst du in den Sternzeichen am Himmel erkennen. Dort ballen sich diese 12 Strahlen. Du kennst daher 12 Monate. Dein gesamtes Zeitsystem unterliegt der Unterteilung in zwölf. Die Zahl 12 kommt auch in vielen Bibelgeschichten vor. Deine Sinne empfangen die 12 als harmonisch; dadurch empfindet dein Ohr die Teilung der Musik in 12 Halbtöne am harmonischsten.

4. Das Gesetz von Resonanz und Dissonanz

Hier kannst du den Unterschied zwischen Ordnung und Chaos entdecken. Alles, was blüht und gedeiht, empfängt besonders viel Energie aus der Dissonanz. Jede Kraft, die Leben schöpft, jedes Wesen wird also aus dem All-Eins unterstützt. Die Harmonie (Resonanz), durch welche Materie zum Leben erweckt wird, wird durch die Disharmonie verstärkt.

Dadurch kann die »kosmische Energie« bis zur Geburt eines Menschen oder Tieres verstärkt aufgenommen werden. Keimende Pflanzen wie auch alle anderen Erscheinungen des Wachstums werden mit dieser Energie versorgt. Deshalb treten bei allen Wachstumsprozessen bestimmte Energiemuster auf, wie z.B. jene der Eiskristalle, Gesteinskristalle und Bakterienkulturen. Im großen Wissen ist verankert, dass jedes Wesen, jedes Sein innerhalb der Materie dazu beiträgt, das Bewusst-Sein zu erhöhen; wobei es belanglos ist, ob du selbst in deiner Inkarnation ein Meister wirst, oder ob du dies durch dein SEIN, deine Kinder oder Enkelkinder ermöglichst. All Dein Sein geht durch dich IN deine Kinder über. Du selbst vervielfältigst dein SEIN und ermöglichst dadurch ein Erfahren aus den »Randbereichen« Deines Seins.
Ob du die Materie des Eiskristalles bist, oder die be-Lebende Schwingung rund UM ihn, kannst du dir aussuchen.
Erzeugst du Ordnung- oder Chaos?
In welcher Schwingung schwingst du?
Jede Schwingung hat ihre Berechtigung,
jede ist GLEICH.
Das Eine bedingt immer das Andere.
Die Menge erst ergibt die »satte Harmonie«.
Es ist genau DAS, was man als »satte Musik« empfindet.
Das Volle, das Erdige.
Das, was die Materie leben lässt,
das, was sie erzeugt.
Feine Geigen klingen genauso harmonisch,
jedoch in anderen Bereichen.
Sie inspirieren dich dazu, abzuheben.

Hohe Töne sind deshalb des Himmels,
tiefe die der Erde.
Die Posaunen waren damals das erdigste Blasinstrument, das die bis dahin nicht gehörten, aus dem Erdinneren dringenden Töne beschreibt. Deshalb wurde auch der durch einen Kometen verursachte Erdriss »die Posaunen von Jericho« genannt.

Die Grundresonanz dieser Frequenz war so tief, dass die Erdkruste bebte, Erdrisse entstanden und viele der letzten, seit der Entstehung der Erde vorhandenen Lavafelder mit dieser Schwingung in Resonanz gerieten und als Vulkane ausbrachen. Diese Vulkanausbrüche setzten sich lange Zeit hindurch fort und sollten erst vor einigen hundert Jahren ein Ende nehmen.

5. Das Gesetz der Verstimmung

Die 7 und die 12 sind die wichtigsten kosmischen Zahlen. Du wirst sie in fast allen Bereichen der Existenz vorfinden.
Ging es bei den ersten 4 Gesetzen um den Unterschied zwischen Resonanz und Schwingung, so ist das 5. Gesetz nichts anderes als der Wert dieser Verstimmung.

Du findest dieses Gesetz natürlich auch in der Musik. Dort ist es dir als Dur und Moll bekannt. Es ist der Unterschied zwischen der großen und der kleinen Terz, also 8:5 oder 5:3. Der Unterschied liegt bei 7%. Es steht dir also frei, ob und wie weit du von der Straßenmitte deines Lebensweges abweichst.
Dieser Weg ist deine Bestimmung. Mit dieser Gegebenheit musst du dich abfinden. Sie zu akzeptieren, bedeutet die Botschaft der Demut anzunehmen. Die Demut vor dem All-Eins.

Dein Schicksal wird immer wieder versuchen, dich dorthin zu führen; in die Straßenmitte.
Dein freier Wille ist nichts anderes als diese 7%. Das Leben außerhalb dieser 7% erfährt die Materie meist über Krankheiten. Je weiter die Abweichung, desto stärker die Krankheit.

Auch hier kannst du erkennen, dass es vergangene Leben der gleichen Seele geben muss.
Der Grund für die Ursache, dass Neugeborene krank auf die Welt kommen, wird erst dadurch gelegt.
Mit der 7 wären wir also wieder bei deinen Chakren angelangt. Du selbst, deine Belebensquelle, die durch den Körper strömt.

6. Das Gesetz der Polarität

Jede reine Schwingung kannst du dir als Sinus vorstellen. Der Sinus ist jedoch ein Kreis; erst die Zeit teilt ihn und macht ihn zum Sinus. Die Linearität erzeugt die Dualität. Aus dem All-Eins schwingst deshalb du, als Seele.
Dein mit Dir »verbundener« Körper ist dein Fahrzeug innerhalb der Dualität.

Mann oder Frau,
Gut oder Böse,
Plus oder Minus,
Hell oder Dunkel,
Wach oder Schlafend,
Sommer oder Winter,
Heiß oder Kalt ...

7. Das Gesetz des Lambdomas

Die Schwingungen als Energiefelder sind überall im Universum vorhanden. Durch die Erde strömen diese Felder genauso wie durch unser gesamtes Sonnensystem. Diese Felder selbst verändern sich wiederum durch ihre Resonanz mit den sie umgebenden Feldern. Hier, auf der Erde, kannst du diese Felder als magnetische Resonanzen der durchströmenden Energie mit dem eigenen Erdmagnetfeld wahrnehmen. Diese Felder sind für Rutengeher wahrnehmbar.

Dort, wo sich diese Felder, die als Globalgitter oder als Diagonalgitter bekannt sind, in Resonanz mit dem erdeigenen Arteriensystem (den Wasseradern) oder Grabenbrüchen (Narben der Erdkruste) befinden, liegen die sogenannten heiligen Orte, die Kraftplätze wie Fatima, Lourdes oder andere Energieplätze.

Dieses energetische System ist das Nervensystem der Erde. Die Wesen als Rassen sind das, was für dich deine Sinne sind. Die Erde besitzt jedoch um viele mehr als du.
Das ist nicht verwunderlich, denn sie ist ja ungleich größer als die einzelnen, auf ihr vorhandenen Lebewesen.
Die Gesamtheit des ErdenBewusstSeins ist unvorstellbar.
Das Akasha verfügt über ein unwahrscheinlich großes Wissenspotenzial.
Die Computernetzwerke der heutigen Welt und das Internet bauen diese Strukturen intuitiv nach. Die auf der Erde aufgebauten Server im weltweiten Net sehen aus wie die Erde (im Sonnensystem) selbst. Die größeren Server sind dabei die Sonnen und die Größten die Galaxien.

Alles was ist, wird in immer tiefere Schwingungen gedehnt. Gedehnt, um sich danach wieder zusammenzuziehen.

Das Erfahren aus der Materie entsteht aus dem All-Eins.
Was zurückschwingt, ist die Erfahrung.

Das Wesen jeder Existenz besteht darin, zu ERFAHREN.
Ob du Freud oder Leid erfahren willst, liegt bei Dir.

Je glücklicher du bist, desto mehr wandelst du auf oder an den energetisierenden Punkten. Energie abziehende Punkte befinden sich deshalb meist in der Nähe ladender Energien.
Jede Energie in Übermaß ist schädlich.
Die Dosis ist maßgebend in ALLEM.
Sie allein entscheidet über Gedeih oder Verderb.

Diese Schwingungsknoten des Lambdomas zeigen sich genauso in der Homöopathie, wo nur bestimmte Potenzen wirken (zum

Beispiel D6 oder D30). In der Homöopathie kannst du erkennen, wie sich die Schwingung des ErdenBewusstSeins erhöht. Um die gleiche Wirkung wie vor einigen Jahren zu erzielen, verabreicht man heute immer mehr Hochpotenzen (C-Potenzen).
Das ErdenBewusstSein nimmt zu, denn ES weiß, wie kurz die »Zeit des Erfahrens« ist.

Dem Inkarnationsschub wird durch die Unfruchtbarkeit Einhalt geboten werden. Die Seelen kehren zurück aus der auf der Erde vorhandenen Materie. Einige wenige von ihnen werden in ein paar Jahrhunderten das Erlöschen der Sonne er-Leben.
Das ist ebenfalls ein Dienen des All-Eins, um zu erfahren.

Jede Schwingung pflanzt sich also in einem Medium fort. Der Schall benutzt die Luft, Erdbeben die Erdkruste und die Ellipsenbahnen der Planeten die Sonnenresonanz als Anziehungspol. Größtenteils zumindest, denn jede Masse beeinflusst eine andere Masse. Ob mehr oder weniger, ist von der Größe der Massen und dem zwischen ihnen liegenden Abstand abhängig.

Daher ist es nur schwer möglich, eine Gleichförmigkeit im Kosmos festzustellen. Der Kosmos wird allerdings als Ordnung bezeichnet. Damit sind jedoch die Ursachen aller Kräfte im Kosmos gemeint. Was von der Menschheit als Zerstörung und kosmische Katastrophen angesehen wird, dient immer nur der Existenz. Woraus sollte das All-Eins ALLES erfahren, wenn es Ereignisse dieser Art nicht gäbe?

Nur, weil du etwas als gut oder schlecht empfindest, muss dies doch nicht so sein.
Das Wort Kosmos stammt aus dem Altgriechischen und bedeutet Ordnung. Die alten Griechen verstanden darunter jedoch etwas anderes; nämlich jene Ordnung derzufolge alles, was geschieht, seine Berechtigung hat, denn andernfalls würde nichts geschehen.
Und genauso ist es!

Alles, was geschieht, geschieht aus Gerechtigkeit und hat daher seine Berechtigung!

Jede Wirkung passiert durch die dieser Wirkung vorhergehenden Ursachen.
Du vermagst jedoch nicht immer, diese Gerechtigkeit zu verstehen.
Es gibt weder Menschen noch Wesen, die sich dieser Gerechtigkeit immer bewusst werden.
Deshalb gibt es ja auch das sogenannte AlltagsBewusstSein oder TagesBewusstSein, den meditativen Zustand und den Schlaf (schon wieder 3!).
Der meditative Zustand ist die sogenannte Mitte.
In ihm bist du nicht wirklich wach; aber du schläfst auch nicht, denn du erfährst einiges von DEM, was in der Mitte ist, DU.

Du kannst daher durch dich selbst erfahren (durch Meditation) oder durch andere, die dir deinen Spiegel vorhalten. Dann erkennst du dich durch andere.
Du weißt ja, ALLES ist dual.
Zumindest alles, womit du nicht im Hier und Jetzt bist.
Viele Wege sind UmWEGE.
Die Meditation ist der Weg.

So, wie es viele Lügen,
aber nur eine Wahrheit gibt.
Was für dich wahr ist,
entscheidest du!

Wesen, die sich immer der Dualität bewusst sind und die Gerechtigkeit und den Sinn allen Seins erkennen, gibt es nicht. Gäbe es sie, dann wären sie Erleuchtete. Doch diese hat es nie gegeben und wird es auch niemals geben. Das, was so genannte Erleuchtete wahrnehmen, sind immer größere Zeitabschnitte, in welchen sie sich mehr oder weniger als All-Eins wahrnehmen. Zum Zeitpunkt der wahren Erleuchtung verlässt du deinen Körper.
Du gehst aus der Materie heraus.

5 Die Unendlichkeit

Auf der materiellen Ebene gibt es keine Unendlichkeit.
Die Unendlichkeit, in der du lebst, kannst du dir wie eine große Zahl vorstellen, z.B. 1 Million.
Diese Zahl kannst du unendlich oft durch eine andere teilen.
Zum Beispiel durch 2.
Nach jeder Teilung hast du immer ein genau definiertes Ergebnis.
Das Jetzt.
Und genau dieses Jetzt
ist unsere Unendlichkeit.
Es gibt keine Andere.
Durch die Zeit, IN der du lebst, musst du einen bestimmten Augenblick wählen, IN dem du dir die Unendlichkeit ansehen willst.

Zu diesem Zeitpunkt besitzt die Unendlichkeit gerade jenen Zustand, der dir JETZT bekannt ist.
Durch die Zeit, in der wir alle leben, musst du einen ZeitPUNKT definieren, das Teilungsergebnis von JETZT.
Du bist gerade an einer beliebigen Teilung der Million angelangt.
Es ist nun gleichgültig, ob dies schon bei 500.000 ist,
oder bei einer Zahl irgendwo Millionen Stellen hinter dem Komma.

Als Teilungsergebnis kannst du die in der heutigen Zeit messbare Strahlung (Schwingungen) im Gigahertzbereich (GHz) sehen, oder die tiefe Gesteinsschwingung der Erdkruste mit ihrem etwa 12,5 Stunden andauernden Rhythmus der Erde, die Atmung von Ebbe und Flut.

Es wird immer das Jetzt sein
und immer das Jetzt bleiben.

Welche Schwingungen es sind, mit denen du deinem Schicksal gegenübertrittst, bestimmst DU.

Mit den gerade bei dir vorherrschenden Schwingungen, deinem Schwingungsmuster, aus dem dein Sein besteht, suchst du dir die Zahlen in den für dich richtigen Kommastellen aus.
Ob und wie stark dich eine gewisse Frequenz beLebt, ist dabei nicht von Belang. Auch ob es die etwas mehr als 0,00002 Hz der Erdatmung, die Frequenzen von Wanderschritten und Rechnern (einige GHz) oder die bis heute noch nicht messbaren Frequenzen der seelischen und geistigen Schwingungsebenen sind, spielt keine Rolle (Tera-Hz und höher . . .).

Alles ist nichts anderes als die Resonanz (Schwingungsmuster) in den gewissen Oktaven (Kommastellen).
Ganz einfach (wie Vieles) durch die Musik erklärbar.
Musik ist nichts anderes als Schwingungen.
Ein Teil unseres Lebens.

Ein Teil des All-Eins.
Ein Teil, der sich immer und immer wiederholt.
Alles besteht daraus – aus Schwingungen.
Es gibt nichts anderes.
Du lebst IM Jetzt.
Nur dadurch ist die Form der Unendlichkeit möglich.
Die Unendlichkeit, wie sie uns oftmals erklärt wird,
ist mit unserem Geist nicht nachvollziehbar.
Wir kennen den zeitlosen Zustand nicht.
Dieser herrscht in der geistigen Welt,
dort findest du die Unendlichkeit.
Dort ist das All-Eins.
In der Unendlichkeit ist alles EINS.
Wir sind nur ein Teil davon.
Doch niemals von ihr getrennt.
Wir können diesen Zustand im JETZT erLeben.

In der Meditation

6 Der Geist formt die Materie

Der Geist formt die Materie.
Sie wird immer wieder neu geformt.
Neues entsteht,
Altes vergeht.

Der ewige Kreislauf
Das Ewige Rad des Lebens:
Tag und Nacht,
Sommer und Winter
Tod und Leben.

Kein Stein bleibt auf dem anderen.

Immer und immer wieder
dreht sich das Rad von neuem.
Das Rad selbst ist die AllMacht, Gott, AllBewusstSein ,...
Nenne es, wie du magst.

Ein Teil irgendwo da draußen auf diesem Rad bist DU.
Zumindest das, was du gerade JETZT als »Du selbst« wahrnimmst.
Du triffst viele Wesen auf der »Straße des Rades«.

Es ist alles ein Kommen und Gehen.
Sommer und Winter ...

Genauso ist »Wahre Liebe« ein
Kommen und Gehen.

Sobald du etwas festhältst, kann es nicht blühen.

Die AllMacht ist das Rad, auf dem wir gehen.
Auf dem wir die Wandlung geschehen lassen.

Nur durch die Wandlung ist ein Erfahren möglich.
Durch Wandlung wird dein Geist offen,
offen für die Wandlung deines Selbst.

Wandlung ist AllMacht.
Die Zeit wandelt Alles,
was IN der Materie wandelt.
Bleibst du stehen,
wandelt dich die Zeit.

Deine Materie, dein Körper,
wandelt sich.
Die einzige Art des Alterns.
Sobald dein Geist der Wandlung der Zeit folgt,
bist du zeitlos und du alterst nicht.

Die Seelenschwingung ist der Zeit schon nahe,
Sie schwingt in hohen, beinahe zeitlosen Schwingungen.

Die geistige Welt formt sich selbst bis zur Unendlichkeit.

Das All-Eins, die unendliche Schwingung
in dem Alles enthalten ist ...

... das Rad, auf dem DU bist ...

7 Das Schicksal

Das, was IST, ist nicht zu ändern.
All die Liebe, die dafür aufgewendet wird,
lässt das ES IST entstehen.
Dein begrenztes Bewusst-Sein kann nichts daran ändern.
Erkenne das Leben.
Erkenne ES durch Bewusst-Sein.
Strebe danach,
denn dies ist dein Lebenssinn.

Der Sinn aller Materie ist das bewusste ErLeben.
Die Natur ist glücklich,
wir vermeinen nur immer,
»Fehler« zu entdecken.

Diese Fehler ins Rampenlicht zu stellen,
genau dies ist der
»Lauf der Welt«.

Laufe ihnen nicht nach,
dann wirst du glücklich
SEIN.

Den Regen und die Kälte
darf die Natur genauso wie die
Sonne und die Hitze erfahren.

Nichts ist ohne Nachteil,
jedoch auch nichts ohne Vorteil.

Das Meer ist genauso dein wie die Berggipfel.

Als Fisch konntest du so tief hinab,
wie du nur wolltest.

Als Mensch kannst du so glücklich sein,
wie du magst.
Dein soeben erhaltener »freier Wille« ermöglich dir das.

Also lasse geschehen, was du magst.

Es liegt bei dir,
bei niemanden sonst.

Alles, alles ist Liebe,
dein Schicksal ebenso.

Dein ist das Reich,
denn es ist immerdar.
Erkennen musst du es jedoch selbst.

Das Paradies ist das All-Eins.

Alles geschieht IN göttlicher Macht.
Alles IN Liebe.

Dein Reich kommt,
dein Wille geschieht,
sobald du dazu bereit bist.
Dein Schicksal will ES so.

Auch du bist ein Teil des All-Eins.
Vergiss´ das nicht.

Das Leben ist so nah,
LEBE ES.

Alles zu erfahren, erfordert
alle Möglichkeiten des Seins zu leben.

Dass dies nicht in einem einzigen Leben machbar (erfahrbar) ist,
wirst du irgendwann erfahren.

Wir alle sind erfahren,
jeder auf seine Art.

Lebe so, wie du glücklich bist,
es ist die höchste Form des Lebens,
das Paradies.

Erkenne ES,
denn kein anderer kann dies für dich.

Einige Inkarnationen lang sollst du die Möglichkeit des Erfahrens bekommen,
nutze sie – erfahre.

Das Leben ist zu kostbar,
um es außerhalb des Paradieses zu erLeben.

Dein Preis dafür bist du selbst.

Denke daran, alles ist möglich,
denn auch du BIST.

In Liebe an meine Eltern
... ich komme aus Euch ...

8 Die Entstehung

Das All-Eins erschafft die Zeit.
Es erschafft die Einheit (Sekunde),
welche aus der Einheit (All-Eins) kommt.
Nur durch die Zeit ist eine Verzögerung der unendlichen Schwingung in eine endliche Schwingung möglich.

Eigentlich ist alles Realität, nur die Zeit ist Illusion.
Durch die Zeit ist alles möglich (alles Illusion).
All das, was IN der Dualität geschieht.

Durch die Zeit verzögert sich die unendliche Schwingung in eine Endliche. Diese Endlichkeit wird so weit verzögert, dass eine neue Dimension geschaffen werden kann: die Dualität, die dir bekannte Materie.

Diese komplexe Materie kann jedoch nicht sofort geschaffen werden, denn alles in der Natur geht den für dieses Bewusst-Sein einfachsten Weg.
Die einfachste Materie wird geboren, das einfachste Element: Der Wasserstoff (1 Elektron, 1 Neutron, 1 Proton, ...).
Zur Erschaffung wurde die Neutralität, das All-Eins, in positive und negative Ladungsträger getrennt. Einzelne Atome können anfangs ebenfalls nur langsam geschaffen werden.

Durch das Erfahren daraus geht die Erschaffung der Wasserstoff-Atome immer rascher, also erfahrener, vor sich. So wie bei dir, wenn du dich in einen Beruf, egal welcher Sparte, eingearbeitet hast, oder durch wiederholtes Üben einer Sportart die nötigen Fertigkeiten erlangt hast.

Durch diese Erfahrung strahlt die Hauptenergie in immer tiefere Frequenzen. Die Materialisierung beginnt.
Die Schwingung erreicht zuerst die höchsten materiellen Frequenzen. Die Dualität muss also geboren werden.
Das Eine bedingt immer das Andere.
Kein Atomkern ohne die um ihn kreisenden Elektronen. Im einfachsten Fall, also beim Wasserstoff, ist es gar nur ein Elektron.
Eins ist eben immer die einfachste Form.
Die höchste Form der Dualität.
Die tiefste Form ist das dir bekannte erstarrte Hauptgestein der Erde und der anderen Planeten. Das älteste Da-Sein, womit du auf der Erde in Verbindung treten kannst, ist die Grundschwingung des Akasha.

Viele Resonanzen daraus sind dir ebenfalls bekannt; z.B. die Jahreszeiten. Auch sie wurden erst später geschaffen, und sind noch sehr jung.

Aus dem All-Eins wird also die Zeit geboren.
Die Zeit, welche die Schwingung immer langsamer werden lässt. So langsam, dass die einfachste Form der Materie entsteht, der Wasserstoff.

Der erste Zusammenhang in der Materie sollte geschaffen werden, denn mehrere Atome erfordern etwas, was wir physikalische Gesetze nennen.
Dies sind die vorher erwähnten Drei (T-A-G)
... und es sollten noch viele dieser Wasserstoffatome sein, die geschöpft werden mussten.
Es ist irrelevant, ob der Wasserstoff aus der unendlichen Hitze entsteht oder aus dem All-Eins. Sobald eine (physikalische) Größe unendlich wird, wird die Unendlichkeit aller anderen Größen bewirkt.

Der Äther, den das All-Eins als Raum erschafft, war ursprünglich ebenfalls unendlich, denn es gab innerhalb desselben ja noch keine Materie. Erst die erschaffene Materie krümmte durch ihre Gravitationswirkung den Raum. Das All-Eins lässt also den Was-

serstoff innerhalb des Äthers materialisieren. Zuerst unsichtbar als feinstes, hoch schwingendes Atom, welches langsam IN die Dualität steigt. Sobald du diese Wasserstoffatome durch dein Bewusst-Sein wahrnimmst, erwecken sie bei dir den Eindruck als würden sie Hitze abgeben; sie fließen in die duale Dimension.
Ab diesem Zeitpunkt lassen die Aggregatzustände, um aus sich selbst zu schöpfen, die physikalischen Möglichkeiten erstehen.

Dein Wasserstoff IN dir ist dein All-Eins.
Durch den Wasserstoff IN dir wird alle Erfahrung aus der Materie weitergegeben.
Alles Leben schöpft daraus.
Deshalb besitzt jedes Lebewesen einen gewissen Prozentsatz an Wasserstoffatomen. Beim Menschen beträgt der Anteil an Wasser sogar an die 70%. Wasser ist H2O, besitzt also zwei Wasserstoffatome pro Element. Der Sauerstoff wird für die Verbrennung benötigt. Die langsame Verbrennung, durch die deine Körperwärme entsteht, deine Bewegungsenergie. Deine Elektrizität, sowie dein Erfahren. Deine Seele - du selbst bist deinem Körper die nächste Schwingung.
Was du als dich selbst empfinden kannst, ist ein Teil des All-Eins. Das, was wiederum zu einem höheren Ganzen gehört. Die verschiedenen Rassen auf Erden haben ein gemeinsames Erfahren, ein gemeinsames Bewusst-Sein, aus dem sie erfahren. So wie es die verschiedenen Rassen gibt, so gibt es Seelenrassen (Seelenfamilien) und viele andere duale Schwingungen.

Die Dualität hört eigentlich nie wirklich auf.
Nicht so lange die Zeit existiert. Sobald die Zeit vollkommen stillsteht, ist ES DA, das All-Eins. ES ist da,
im JETZT.

Die Vollkommenheit, die Unendlichkeit.
Mit der Geburt der Zeit entsteht die Dualität.
Durch diese Dualität erst wurde die Materie gezeugt.

Doch nun lass' mich wieder zur Schöpfung zurückkehren; Da sich die vielen Atome mit anderen, in ihrer Nähe befindlichen, schwebenden Stoffen verbinden, entstehen Wasserstoffwolken. So entstehen aus langen Zeitintervallen die Wasserstoffnebel.

Freie Wasserstoffatome haben so große Bewegungsenergien, dass sie durch deine Sinne nicht erkennbar sind. Für dich sieht es so aus, als ob sich diese Teilchen aus sich selbst heraus bildeten, also aus ihren einzelnen Elementen. Diese Elemente wiederum sind die nächsthöhere Oktave der Schwingung.
Jedes Elektron ist ebenfalls wieder aus einzelnen Elementen aufgebaut, jedoch auch um eine Oktave höher als die vorige Ebene, eben das Elektron selbst.
Die extrem hohe innere Bewegungsenergie gibt das Wasserstoffatom, nach seiner Materialisierung aus den Urelementen der geistigen Welt, als Wärme ab.

Die geistige Welt ist ein höheres Frequenzband dieser Frequenz. Sie erreicht als oberste Schwingung die Unendlichkeit, die Spitze der Pyramide, das All-Eins.

An Plätzen, an denen die Temperatur des Wasserstoffes auf -253°C gesunken ist, verflüssigt sich der Wasserstoff (H); sein Aggregatzustand verändert sich.
Durch das Kondensieren gibt das Atom einen Teil seiner inneren Bewegungsenergie ab. Diese Energie läuft zurück IN den Äther, ins All-Eins, in den Erschaffer dieses Atoms.
Alles ist IN allem ein Kreislauf.
Die gesamte Dualität besteht daraus.
Sobald du die Kreisläufe erfahren hast,
beWertest du nicht mehr.

Das All-Eins (der Äther) bleibt deshalb energielos, weil jede Energie unendlich verteilt wird, sich also innerhalb des All-Eins auflöst und wieder abgegeben wird. Zurück an die Materie, zwecks deren Belebung. Sie verbreitet sich in sich selbst (Trinität).

Diese Verteilung im Äther erfolgt in Form von Wirbeln, so wie du es vom Wasserstrudel oder auch von den Galaxien kennst. Die

Wärme fließt dabei immer zur Kälte, denn das All-Eins offeriert seine Wärme für die BeLebung (der Kälte).

Der Äther rund um das Atom beginnt sich also zu drehen. Die bei dieser Rotation entstehende Energie des Äthers ist schließendlich das, was du als Gravitation messen kannst.

Je mehr Masse die Aggregatzustände durchläuft,
desto stärker wird die rund um sie entstehende Gravitation. Erst die Masse der Erde hält dich AN deinem Lebensspender, der Mutter Erde, fest.

Durch die einzelnen Wasserstoffatome entstand erst der Raum, der Kosmos.
Durch die Energie der Materie, durch die gesamte existierende Masse existiert der Kosmos (JETZT – zu dieser Zeit).

Der Kosmos ist so groß wie die Gravitation aller in ihm befindlichen Massen; deshalb ist der Raum ja auch gekrümmt.
Durch die Gravitation der Gesamtmasse,
also der gebundenen Energie im Äther.

Dies erweckt den Anschein, als ob die als Materie erstrahlende Schwingung den Äther wiederum um sich erschaffen würde.
Das Eine bedingt das Andere.
Das All-Eins erfährt aus sich selbst heraus.
Geben und Nehmen.
Leben gebären, um daraus zu erfahren.
Dies ist der Ursprung allen Seins.

Das wundervolle Erklingen des Wasserstoffes in der Materie,
Du kannst ES auch heute hören.

Durch den Kreislauf der Energie aus dem All-Eins, das Gebären des Wasserstoffes und infolge des durch die Kondensation verursachten Energietodes, worin ja die Ur-Energie der Materie besteht (das Erfahren), entstehen immer größere Wasserstoffansammlungen.

Wenn nun der Wasserstoff noch weiter abkühlt (um weitere 6 Grad), dann gefriert er. Wie du schon vorher erfahren hast, kann er sich in gefrorenem Zustand jedoch nicht mehr binden. Diese Entstehungsform (gefrorener H) kannst du anhand der vielen Molekülwolken im Kosmos nach verfolgen.

Auch die geistige Welt musste diese Art des Umgangs mit der Materie lernen.

Die so geformte einfachste Materie, das Produkt der abgekühlten hohen Schwingung, ist nichts anderes als eine Zeitverzögerung, welche die dem Atom inhärente Schwingungsenergie verlangsamen soll.

... und ab dann schöpft der Kosmos aus sich selbst. Die Erfahrungsreise des All-Eins aus der Dualität kann beginnen ...

... und zwar folgendermaßen:

Wie bereits erwähnt, verbleibt der Wasserstoff weiterhin in seinem flüssigen Aggregatzustand und bindet sich immer mehr. Er folgt jedoch ebenfalls, wie alles im Raum, dem Gesetz der Temperatur und strömt zur Kälte (Trinität: T-A-G).
Diese Wasserstoff-Ansammlung wird durch die Bewegung des Äthers in Rotation gesetzt. Wie im Großen, so im Kleinen.
Die Wiederholung der Oktave, die Spiralen des Atoms selbst erzeugen wiederum Spiralen mit um sie kreisenden Atomen.

Sie lässt sich bei den uns bekannten kosmischen Spiralnebeln genauso beobachten wie bei Windhosen oder Wasserwirbeln. Am schnellsten bewegen sich diese Wirbel in ihrem Zentrum. Außerhalb des Zentrums entstehen also ebenfalls Nebenwirbel, wie du sie auch beim Wasserstrudel feststellen kannst.

Durch die Gravitation kommt es zusehends zu einer immer größeren Ansammlung von Wasserstoff. Dies wiederum bewirkt, dass auch die Gravitation zunimmt.

Die Geschwindigkeit, mit welcher die umliegenden Wasserstoffatome zu diesem Riesenwirbel hinströmen, nimmt rasant zu, wobei in den Nebenwirbeln ebenfalls immer mehr Teilchen angesammelt werden.

Alles im freien Raum formt sich zu einer Kugel.
Das größte Volumen mit kleinster Oberfläche.
Das Zentrum, aus dem jede Spirale entsteht.

Das Ansteigen der Gravitationskräfte lässt auch die Rotation stärker werden, was in weiterer Folge dazu führt, dass immer größere Nebenwirbel entstehen. Dieser Prozess hält so lange an, bis die auf das Zentrum zuströmenden Teilchen Lichtgeschwindigkeit erreichen. Dabei ist es jedoch nicht die Geschwindigkeit, mit der sie sich dem Zentrum nähern, die Lichtgeschwindigkeit erreicht, sondern die Eigenrotation der Wasserstoff-Atome selbst. Letztere werden bei Erreichen der Lichtgeschwindigkeit in ihre (eigenen) Bestandteile zerlegt. Die Elektronen lösen sich vom Atomkern.
Die einzelnen Grundelemente des Atoms zerstrahlen.
Sie zerstrahlen zurück in ihre ursprüngliche Form.
In ENERGIE

– näher zum All-Eins zurück
Die positiven und negativen Ladungsträger prallen aufeinander. Die Dualität wird dabei teilweise ausgelöscht. Die dabei entstehende Energie wird in Wärme und Bewegung umgewandelt und kehrt wiederum dorthin zurück, woher sie kam:
– aus dem Äther – aus der geistigen Welt – aus dem All-Eins (– der Kreislauf, alles GLEICH)

... reine Energie, die sich im Äther ausdehnt, schwingt in Frequenzen oberhalb der materiellen Schwingung. Diese Frequenzen sind daher mit den materiellen Möglichkeiten (Messgeräten) nicht messbar. Sie existieren jedoch trotzdem.

Liebe
ist bis heute
wissenschaftlich
NICHT
nachweisbar!

. . . und dennoch
existiert sie

Energie – um aus dem »Sterben« neuerlich »Leben« zu erschaffen. Die Energie fließt, wie schon gesagt, zurück in die Materie, in die BeLebung derselben oder als Verbreitung in sich (dem Äther) selbst (Trinität). Diese Energie ist vergleichbar mit dem Erfahren der geistigen Welt. In den Äther zurückfließende Energie. Sämtliche Schwingungen (also alle Frequenzbereiche) fließen aus dem All-Eins durch die Materie. Du selbst (die Seele) schwingst genauso darin,
wie Feen, Sylphen, Elfen, Faune, usw.
Alle Wesen, die du wahrnehmen kannst.
Jeder lebende Körper, jede Pflanze,
jedes Tier ist so ein Wesen.
Es gibt auch hier das »Gruppenerfahren« wie z.B. bei den Bienenvölkern, Ameisenhaufen und Fischschwärmen.

Die Entstehungsgeschichte hat begonnen; Materie wird gezeugt. All die Materie die du kennst, wurde – und wird auch weiterhin – aus dem Wasserstoff geboren. Aus dem Mittelpunkt jedes einzelnen Wasserstoffwirbels entsteht immer eine Sonne.

Du lebst noch immer IN der Entstehungsphase der Materie. Aber täusche dich nicht: bis zur Phase des Vergehens ist es nicht mehr weit. Alles Leben ist von kurzer Dauer. Jede Inkarnation sehr kurz; so kurz wie die Lebensfreundlichkeit eines Planeten. Die Grundbedingungen für das Leben im All herrschen nur selten und wenn, dann nur für kurze Zeit.

Am Ende dieses Buches wirst du vielleicht erkannt haben, dass die Erde erst seit einer relativ kurzen Zeit bewohnt und belebt wird. Die Natur, dein Planet zeigt dir die Wahrheit.
Es ist alles DA (Akasha).

Du wirst erkennen, wie wichtig du bist.
Dein Leben ist nicht eins von Abermilliarden in Millionen von Jahren. Oh nein, das Leben auf dem Planeten Erde ist erst einige tausend Jahre alt. Die Vorspiegelung einer viel, viel längeren Zeitspanne ist dazu bestimmt, dir deine »Unwichtigkeit« vor Augen zu führen.

Möglicherweise bist du noch nicht so weit, dies zu erkennen, doch unbewusst nimmst du vermutlich Vieles davon IN dir auf. Doch meist reicht dieses unbewusste Erkennen aus, um dich steuerbar zu machen.

Doch nun wieder zurück zum chemischen Prozess:
Den besagten Vorgang des Zerstrahlens erlebst du als gewaltige Atomexplosion, durch die ein Teil, oder auch die gesamte Wasserstoffwolke aufgeschmolzen wird; je nach der ursprünglichen Größe (Gesamtdichte) der Wolke. Die sich nach außen ausbreitende Druckwelle erreicht die äußeren Wasserstoffwirbel, die durch den Druck und die Temperatur der Welle, mit der sie kollidieren, ebenfalls aufgeschmolzen werden. Die herausgerissenen Elementarteilchen der Wasserstoffatome verklumpen zu größeren Teilchen. Genau dadurch und nur dadurch entstehen all die anderen, dir bekannten, Elemente.

So entstehen beispielsweise aus dem Zentrum der Wasserstoffwolken die Sonnen; die sie umgebenden Wirbeln bilden die Planeten. Alles im Kosmos funktioniert nach diesem Prinzip.
Ein Prinzip der Einfachheit – der Trinität (Dreiheit – Triskele)
Entgegen der Behauptung der Wissenschaft, strahlt die Sonne nicht selbst. Es ist ihre Oberfläche, die durch das Zerstrahlen der von ihr angezogenen Teilchen, wie diverse Elemente, Staub, Wasserstoff etc., diesen Eindruck vermittelt.

Der flüssige Wasserstoff innerhalb dieser Strahlungskugel wird natürlich ebenfalls aufgeschmolzen – zu schwereren Elementen. So, wie die Nebenwirbel, der nach außen strömenden Strahlungswelle zu schwereren Elementen (Planeten) aufgeschmolzen werden.

Der Großteil des Wasserstoffes verwandelt sich jedoch in Gas, das dazu tendiert, sich immer mehr auszudehnen. Im Laufe der Zeit wird sein Druck nach außen derart stark, dass er den Lichtdruck der Strahlungskugel nach innen übersteigt. Das Ergebnis sind die bekannten Super Novas am Himmel.

Bis zu welcher Tiefe die Hülle des Planeten aufgeschmolzen wird, hängt von der Geschwindigkeit und der Temperatur der Druckwelle ab.

Die Tiefe der aufgeschmolzenen Erdschicht beträgt etwa 30 bis 40 km, je nachdem wie groß die durch das Schrumpfen der Erde hervorgerufenen Oberflächenverschiebungen ausfallen (s. Kap.: 1. Begegnung).

Maßstabgetreu verkleinert ist die Hülle unseres Planeten also wesentlich dünner als die eines Luftballons.
Und genau dies ist der Grund dafür, dass die Erde durch die stärksten Einwirkungen der Gravitation (Mond und Sonne) am meisten verformt wird.
Ebbe und Flut resultieren daraus (s. Kap.: Ebbe und Flut).

Planeten, die gleichförmig aufgeschmolzen wurden, enthalten in ihrem Inneren noch immer Wasserstoff.
Aus Planeten, deren Hülle durch den kurzen Aufschmelzungsprozess stellenweise nachhaltig »durchlöchert« wurde, konnte der Wasserstoff entweichen. Wenn die Gesteinshülle kompakt genug ist und nicht durch ihre eigene Anziehung in sich zusammenfällt, bleibt sie solange erhalten, bis der ganze Wasserstoff ausgeströmt ist. Analog verhält es sich auch beim Mond. Er war der innerste Planet bei der Entstehung deines Sonnensystems.

In ihrem Inneren mit Wasserstoff gefüllte Planeten besitzen ein Magnetfeld, da das Wirbeln des Wasserstoffes in ihnen ungebremst weitergeht; genau so wie vor seinem Einschluss in dieser Hülle. Seine Rotationsbewegung hat die Wirkung eines Dynamos und erzeugt das Magnetfeld. Dass Magnetismus nur bis zu Temperaturen von etwas über 600 Grad Celsius in Eisen möglich ist, ist der Wissenschaft bekannt. Dennoch behauptet sie, dass im Inneren der Erde Lava fließe und dass dort Temperaturen vorherrschen, die einige tausend Grad erreichen.

Lass' es doch auf einen Versuch ankommen und bringe einen Nagel mit einem Magnet in Kontakt. Wenn du den Nagel mit einem Feuerzeug erhitzt, löst er sich vom Magnet.

Die Rotation des inneren Wasserstoffwirbels kann jedoch nur dann genau so erfolgen wie bei der Entstehung des Planeten, wenn der Planet (die Hülle) nicht von einer äußeren oder inneren Kraft beeinflusst wird. Jede dieser Kräfte, die Innere, sowie die Äußere, hat ihre Wirkung auf die Erde bereits ausgeübt. Über beide Kräfte wirst du noch an einer anderen Stelle dieses Buches lesen. Vorerst jedoch wollen wir uns nur mit der inneren Kraft beschäftigen.

Es ist die Gravitation, die bewirkt, dass die innerhalb der Erdkruste freiwerdende feste Materie rotierend in das Zentrum der Erde fällt.

Durch die Rotation des Wasserstoffwirbels innerhalb der Erde fällt der feste Klumpen ins Zentrum, je nach gerade vorherrschender Geschwindigkeit des Wirbels. Wir können hier also ebenfalls die Wechselwirkung aus der Rotation der Materie und dem Spiralfeld des Wasserstoffes beobachten.

Die Massenträgheit und die Ansammlung fester Materie im Zentrum können eine Spiralumkehr erzeugen. Die Magnetfeldumkehr ist eine Folge dieser Spiralumkehr.
Durch die veränderliche Kreiselbewegung der Erdhülle (z.B. durch die Annäherung eines Kometen, etc.), in Relation zum inneren Wasserstoffwirbel, kommt es innerhalb weniger Jahrhunderte zu einer Veränderung des Magnetfeldes.

Die zwischen der Erdkruste und dem Wasserstoffwirbel vorhandene Reibung führt dazu, dass die beiden wieder in Harmonie geraten. Wenn du die seitens der Wissenschaft vertretene Gleichförmigkeit annimmst, würde der Wirbel der Hülle irgendwann folgen. Doch die Gleichförmigkeit gibt es nicht, denn genau sie ist es, durch die jegliches neue Erfahren unterbunden werden würde.

Der Mond hat in seiner Hülle Öffnungen,
durch die der Wasserstoff ausströmen konnte.
Er besitzt daher kein Magnetfeld.

Dieser, im Inneren der Erde vorhandene Wasserstoff ist das bekannte Erdgas, das vorwiegend aus Wasserstoff besteht, das also in Hülle und Fülle vorhanden ist. Beim Durchdringen der Gesteinshülle der Erde nimmt dieser Wasserstoff Teile aus anderen Elementen auf und verschmutzt. Das daraus entstehende Produkt ist das Erdgas.

Auch das gefürchtete Grubengas und die Gasfelder im Erdöl, die meist abgefackelt werden, entstehen auf diese Weise.

Da die Verbreitung dieser Erkenntnis umwälzende Folgen für die gesamte Wirtschaft hätte, muss sie auf jeden Fall »unter Verschluss« bleiben (s. Kap.: Posaunen von Jericho).
Die Druckwellentemperatur all der Wirbel, die zum Zeitpunkt der Entstehung dem Zentrum sehr nahe waren, war sehr hoch. Das Gleiche gilt auch für die Geschwindigkeit dieser Druckwelle.

Deshalb lässt sich die Position des Planeten zum Zeitpunkt der Entstehung allein durch seine Dichte und seine schweren Elemente feststellen.

Während besagte Druckwelle an der Erde vorbeizog, wurde ihre Geschwindigkeit langsamer, und bevor der Schmelzungsprozess (Aufschmelzung) des Planeten einsetzte, verdunsteten große Mengen an Wasserstoff.

Die nach dieser Druckwelle innerhalb des Sonnensystems erfolgende Aufteilung der Masse führte in weiterer Folge zu einer Überhöhung der Rotationsgeschwindigkeit des Zentrums, also der Sonne.

Diese Rotationsgeschwindigkeit wurde auf die Planeten übertragen, sodass diejenigen von ihnen, die der Sonne nahe waren, derart stark beschleunigt wurden, dass sie ihre Bahnen nach außen verlassen mussten. Diese Umverteilung erwies sich zwecks Wiederherstellung des Gleichgewichts als unerlässlich und hatte zur Folge, dass einige der Planeten ihre Bahnen wechselten.

Da die 12 die kosmische Zahl des Lebens ist, wurde auch das Sonnensystem mit 12 Planeten geboren:
Die Sonne selbst ist die Lebensspenderin, die Dreizehnte.

Dein Sonnensystem ist geboren.

Die Aggregatzustände des Wasserstoffes steuern das Entstehen.
Die Temperatur ist der Regler dazu.

Alles andere entsteht aus dem ersten Erwachen eines Sonnensystems.

Aus diesen beiden Ursachen:
Wasserstoff und Temperatur.
Die Aggregatzustände sind die Oktaven der Temperatur.
Das Leben ist einfach.
So einfach
wie die Natur selbst.

Eine einmalige »Vorstellung« der geistigen Welt.
Seitdem schöpft das gesamte Universum aus sich selbst.
Die geistige Welt kann sich anderen Dingen der
Bewusstwerdung widmen.
Anderen Arten von Bewusst-Sein.

Die Energie des Äthers schwingt IN die Materie und zurück ...

Das »Entstehen lassen« der Materie hat sie hiermit erfahren.
Doch bis zum Entstehen lassen des Bewusst-Seins
sollte es noch ein langer Weg sein.
Bewusst-Sein IN der Materie entstehen lassen,
Bewusst-Sein, welches imstande ist, Materie zu steuern.

Die Orte zur Be-Lebung der Materie sollten nun bestimmt werden.
Die Zeit zur Be-Lebung war ohne Bedeutung, denn sie existierte noch nicht wirklich. Ohne Bewusst-Sein in der Dualität, in der Materie, existiert auch kein »Zeitempfinden«.
Anfangs wird Materie geboren und die Materie schafft den Raum.
Erst innerhalb des Raumes ist Bewusst-Sein möglich.
Bewusst-Sein, welches Materie steuert,
welches durch die Materie erfährt.
Bewusst-Sein, welches die Dualität, die ZEIT, erfährt!
Nur durch die Zeit kannst du erfahren,

denn nur durch die Zeit kannst du NACH-denken,
etwas einreihen.
Etwas mit der Welt, IN der du selbst lebst, vergleichen.

Die Zeit wurde erst durch die Belebung erschaffen.
Die Zeit wird durch duales Bewusst-Sein geboren.

Die transformierte Schwingung, welche die Materie entstehen ließ, entstand ebenfalls durch die Zeit. Diese konnte jedoch erst durch das duale Bewusst-Sein wahrgenommen werden.

Das Erfahren kann beginnen ...

Das System, nach dem die Sonne funktioniert, hat sich seit deren Geburt bis heute nicht geändert.
Durch die Gravitation der Sonne werden die in ihren Anziehungsbereich geratenen Teilchen derart stark beschleunigt, dass ihre Rotationsgeschwindigkeiten Lichtgeschwindigkeit erreichen. Kurz vor der Sonnenoberfläche zerstrahlen sie.

Es sollten viele Planeten be-lebt werden.
Für die Be-Lebung in deinem Sonnensystem kam als einziger Planet die Erde in Frage. Nur sie besitzt ein Magnetfeld, die richtige Aufteilung schwerer Materie, den optimalen Abstand zur Sonne und einiges mehr, um Leben zu gebären.
Nur:
Sie drehte sich zu langsam.

Die von der Sonne beleuchtete Erdoberfläche wurde aufgrund der langen Tag- und Nachtzyklen auf weit über 100 Grad erwärmt. Dadurch war die Entstehung von Leben unmöglich. Deshalb wurde der Mond aus seiner inneren Bahn hinausgeschickt, die neue Massenverteilung begann.

Um die Temperatur des Planeten »lebensfähig« zu machen, ist daher mindestens ein Trabant (Mond) erforderlich. Sein Abstand von der Sonne darf nicht zu groß sein, denn sonst wäre die Nachtseite des Planeten zu kalt, und alles würde erfrieren.

Auch die »richtige« Rotation erfordert einen Mond und den »richtigen« Abstand zur Sonne, da die Temperaturtoleranz, um Leben zu gebären, sehr klein ist. Da das Wasser das Lebenselixier allen dualen Lebens ist, sind Temperaturschwankungen nur in kleinem Rahmen möglich.

Aus diesem Ursprung, sozusagen aus dieser Geburt, entstand die Erde.

Bedingt durch die Aufschmelzungshitze war sie anfänglich ein brodelnder Magma-Ballon, dessen Außen- und Innenhülle jedoch bald abkühlte und erstarrte. In ihrem Inneren wurde die Krustenbildung durch die kühlende Wirkung des weiterhin schnell rotierenden Wasserstoffs ermöglicht. Außerhalb der Erde erfolgte die Abkühlung durch die sich in der entstehenden Atmosphäre ausbreitende Ascheschicht, die die Sonneneinstrahlung verhinderte.

Beim Ausströmen des Wasserstoffs aus den zahlreichen Öffnungen der Erde bildeten sich Gasblasen und es kam zu einer Schrumpfung der Erdoberfläche und zu gelegentlichen Faltenbildungen. Du kannst dieses Phänomen auch bei einem Apfel beobachten, der durch den Verlust seiner Flüssigkeit schrumpft und Runzeln bekommt.
In den meisten Fällen bewirkten diese Falten, dass sich die Öffnungen, durch die der Wasserstoff entweichen konnte, wieder schlossen.

Wasser (H2O) besteht ja auch zum größten Teil aus Wasserstoff. Dass auf der Erde schon vieles geschah, wissen wir alle, allerdings mit Sicherheit nicht innerhalb jenes Zeitraums, den uns die Wissenschaft präsentiert.

Von der Erde abgesehen, mangelt es im gesamten Kosmos an Bedingungen, die dazu angetan wären, einen Planeten lebensfreundlich zu machen. Dass auf einem Planeten Leben entsteht, ist daher äußerst selten.
Die zum Leben erforderlichen Bedingungen finden sich bisher nur auf der Erde. So viele Planeten haben die Menschen bereits kennen

gelernt und mithilfe ihrer Fernrohre und Radioteleskope beobachtet, doch auf keinem von ihnen wurde bisher Leben entdeckt. Das ist unter anderem auch darauf zurückzuführen, dass die Belebungszeit eines Planeten sehr kurz ist. Meist währt sie nur ein paar tausend Jahre. Wenn sich diese »Be-Lebens-Phasen« nicht zur gleichen Zeit »treffen«, dann wird aneinander vorbeigelebt. Viele Planeten waren bereits beLebt, viele werden es noch sein.

Deshalb kannst du an jedem Lebewesen beobachten, wie viel Energie die Natur in riesige Mengen an Eiern und Samen investiert. Die Vermehrung aller Arten ist das wichtigste Da-Sein jedes Lebens.

Die geistige Welt weiß, wie kurz das Da-Sein, die Be-Seelung auf der Erde ist. Sie erfährt deshalb aus derzeit ca. 370 be-lebten Planeten. Eine genaue Zahl derselben gibt es nicht, da einige Planeten im Stadium der Be-Lebung stecken und auf manchen von ihnen nur noch eine verschwindend geringe Menge an Inkarnationen den Prozess des Erfahrens durchläuft.

Hast du dir schon einmal die Frage gestellt, warum es in dem unvorstellbar großen Kosmos nur ein paar hundert solcher Planeten gibt? Wenn das Leben schon so alt ist, wie dir erklärt wird, dann müsste es doch eine Unzahl belebter Planeten geben. Oder zumindest einen Einzigen, auf dem mit Radioteleskopen und Fernrohren Leben entdeckt wurde.

Jedes Leben erfährt eine rasante Entwicklung. Die Geburtenraten sprechen für sich.

Bevölkerungszahlen:

Heute wissen wir, dass sich die Weltbevölkerung seit 1920 um das 4.5 fache, von 1.8 Milliarden Menschen auf 8.1 Milliarden vermehrt hat.
Das bedeutet, dass innerhalb der letzten ca. 90 Jahre, trotz der zwei Weltkriege, ein enormes Bevölkerungswachstum stattgefunden hat.

Wenn du die bekannten Bevölkerungszahlen einfach hochrechnest, also die Verdoppelungen bis zu Adam und Eva dividierst, oder alle 90 Jahre durch 4,5 teilst, kommst du mit keiner dieser Methoden zu einem Zeitpunkt, der länger zurückliegt als 1000 Jahre.
Frühestens im 9. Jh.n. Chr. lebten also auf der gesamten Erde weniger Menschen, als heute in einem nur ein paar tausend Seelen zählenden kleinen Ort leben. (s. Kap.: Bevölkerungswachstumstabelle).

Wie wir noch heute an der Wachstumsrate der so genannten Entwicklungsländer erkennen können, die weit über dem Weltdurchschnitt liegt, ging das Wachstum früher noch viel schneller vor sich. Deshalb könnte es durchaus möglich sein, dass die vorerwähnte Zahl noch niedriger ist.

Wendest du die gleiche Berechnungsmethode bei den 6000 Jahren der biblischen Zeitrechnung an, so ist das Ergebnis eine Zahl mit 30 Nullen (zum Vergleich: Die Zahl 8 Milliarden enthält 9 Nullen).

Die konsequente Verdoppelung der Weltbevölkerung impliziert natürlich auch, dass die jeweils gleiche Menschenmenge wieder von dieser Erde gegangen ist.
Doch wo sind dann die Unmengen menschlicher Knochen, die sich mehrere Hundert Meter über der Erde auftürmen müssten?

Und nun noch ein Denkanstoß:

Wenn Jesus Christus tatsächlich vor ca. 2000 Jahren geboren wurde, warum wurden dann in den ersten 1000 Jahren nach seiner Geburt keine Kirchen, Klöster, etc. gebaut?

Die Antwort ist so einfach
wie die Natur selbst.
Sie liefert sie dir:

Weil vor etwa 1000 Jahren die Menschheit (fast) neu entstand.

Doch nun möchte ich wieder auf das eigentliche Thema dieses Kapitels zurückkommen:

Die Erdoberfläche kühlte rasch ab und als Temperaturen unter 100 Grad entstanden, verflüssigte sich der Wasserdampf, der in der Atmosphäre gebunden war (H2O).

Die Abkühlung der so entstandenen Weltmeere ging so lange vor sich, bis eine Temperatur erreicht wurde, bei der das Wasser »besondere« Eigenschaften annimmt. Bei ungefähr 37 Grad Celsius waren die nötigen Voraussetzungen (Temperatur und Salz) für das Urmeer gegeben, um Leben gebären zu können. Da immer zwei dazu gehören, begegnen wir auch hier wiederum der Dualität.

Jedes Lebewesen kann nach der Befruchtung in diesem Ozean aufwachsen. Die Richtigkeit dieser Aussage wurde in unserer Zeit anhand von entsprechenden Experimenten in Laboratorien nachgewiesen. Selbst ohne Nabelschnur wäre dies möglich, denn durch diese wurdest du IN die Dualität geschickt.

Die Bibel beschreibt dieses »an Land gehen« der Menschheit als den Sündenfall von Adam und Eva. Sie wollten durch ihre Sünde IN die Dualität gelangen. Es ist nicht wirklich die Sünde, sondern die Energie für das »Erfahren wollen«, dass du nun hier er-leben darfst. Je mehr Aufmerksamkeit du deinem Leben widmest, desto mehr lebst du und desto mehr erfährst du. Adam und Eva erkannten sich danach ja auch erst als nackt, also als Mann und Frau.

Durch das Gebären, durch Mann und Frau erst, wurde die Nabelschnur nötig, die im Urmeer noch nicht vorhanden war. Die Geburt der Dualität aus einem Android heraus. Die sumerischen Steintafeln beinhalten viele Fakten hiezu. Doch auch sie werden meistens fehl interpretiert.

Heute gibt es auch noch viele andere Formen, die ebenfalls aus sich selbst heraus gebären können; angefangen vom Zwitter bei den Schnecken (Eigenbefruchtung) bis hin zu den Arbeiterbienen (ohne Befruchtung). Das Urmeer gebar also innerhalb weniger Jahre alles an Leben, was du heute kennst. Nicht nur jede der dir heute bekannten Erbinformationen (DNS) wurden in ihm geformt, sondern auch eine Unzahl anderer, inzwischen ausgestorbener Arten.

Es war der kleinste Teil der Schöpfung, wie beim Wasserstoff.
Als sich endlich optimale Bedingungen am Horizont abzeichneten, schimmerte die Meeresoberfläche leicht silbrig, wie bei mattem Mondlicht. Die geistige Schwingung arbeitete mit Hochdruck an ihren materiellen Kopien. Alle geistigen Schöpfungen wurden so als DNS geschöpft.
Die nächste Oktave der Wasserstoffschöpfung sollte sich materialisieren.
Woher sonst, wenn nicht aus dem Äther, sollte Materie entstehen?
Die geistige Welt durchströmt immer alles, denn das All-Eins kann nicht anders.
Sonst wäre ES nicht ...
... nicht das All-Eins ...

Von Nichts kommt Nichts

sagt man, also muss alles schon da gewesen sein.
Das All-Eins ist immerdar - die Unendlichkeit.

Die feinstofflichen Körperschichten zogen sich aus einer einzigen Körperschicht auseinander, genauso wie sich die verschiedenen DNS-Stränge in der Materie bildeten. Jedem »fertigen« Wesen wurde hier seine Form gegeben. Nicht nur das Aussehen eines Krokodils und seine organische Form (ob als Weichtier oder mit Skelett) wurde dabei festgelegt, sondern auch die DNS-Form, aus der es erfahren soll. Gleichzeitig erfolgten auch alle anderen »Zuordnungen«; d.h. es wurde festgelegt, woraus welches Wesen entspringt. Festgeschrieben wurden des weiteren die Anordnung in der Materie – im Körper sowie die optimale Gestaltung und Anordnung der Sinnesorgane.

Daher ist auch die äußere Form des Menschen kein Zufall. Sie wurde einzig und allein aus der Sicht dieser Erfahrungsschwingung gewählt. Alle Menschen stehen zu den Schwingungen ihres Aussehens genauso in Resonanz wie die geistige Führung, deine »Seelenfamilie«. Es gibt nicht wirklich Seelenfamilien, es gibt eine Menschenseele. Alle Seelen gemeinsam schaffen lebende Materie, also wiederum ein All-Eins.

Die geistige Welt, welche alle Materie erschaffen, also auch die »Seelensteuerung« dieser Materie (das Leben) ermöglicht hat, ist daher mit Seele und Körper eins.
Die geistige Welt ist Teil des All-Eins.
Alles, was als All-Eins sichtbar wird.
Das All-Eins selbst ist nicht erfassbar,
nicht mit einem einzigen deiner Sinne.
Es ist tiefste Meditation,
der Zustand, über den du absolut nichts
erzählen kannst,
denn in diesen Augenblicken

BIST DU.

Alle, jedes Wesen, jedes Leben kann IN diesen Zustand (»zurück zur Quelle«) gelangen, also auch DU.

Nun sollten aus der androgynen Urmeer-BeLebung so schnell wie möglich duale »Lebenspartner« werden. Für die geistige Welt stellte dies natürlich eine große Herausforderung dar, denn die erforderliche Voraussetzung für das Urmeer, Leben zu gebären, bedurfte bei zahlreichen Gattungen nur einiger Jahrzehnte.

Die Pflanzenwelt erfuhr ihre Be-Lebung auch außerhalb des Meeres. Seen und Gewässer lieferten der DNS einen idealen Nährboden für die Entwicklung und so wurde auch dort Leben geboren. Dies war der Grund dafür, dass sich die Pflanzenwelt nicht in derselben Art und Weise wie das Leben des Menschen und vieler Landtiere ausbreitete; also nicht vom Meer ins Landesinnere.

Manche Planeten werden nach diesen ersten Inkarnationsschritten wieder verlassen. Die Evolution verlief zu langsam, um die Phase der Abkühlung zur Be-Lebung nutzen zu können.
In diesem Fall genügte das »Erfahren aus der BeLebungsphase« für die geistige Welt. Die geistige Welt scheint wie eine Hand zu wirken, die die Rassen führt. Eine Hand, welche zum Bewusst-Sein drängt.

Der Mensch stieg mit ca. 100 Rassen an mindestens genauso vielen, verschiedenen Stellen an Land. Auch zahlreiche Pflanzengattungen und Tierarten wählten den gleichen »Lebensschritt« und gingen an Land.

Land und Meer waren zu dieser Zeit gleich groß. Das überrascht nicht, denn Land und Wasser wurden ja ebenfalls IN der Dualität geboren (50:50).
Dieses Verhältnis sollte erst zu einem späteren Zeitpunkt eine Veränderung erfahren.
Ich komme auf dieses Thema später nochmals zurück, um zu erklären, weshalb der Spiegel der Weltmeere stieg und das Verhältnis heute 70:30 beträgt.

Die Rotationsachse der Erde stand zu dieser Zeit noch im rechten Winkel zur Sonne, da sich jede kosmische Spirale axial dreht.

Die Krümmung dieser Achse durch den Raum ist wiederum die nächsthöhere Schwingung im Kosmos, eben die nicht perfekte Scheibenform der Spirale, die das Aussehen gekrümmter Flügel hatte.
Die Neigung der Erdachse wurde erst viel später zum dualen Erfahren der geistigen Welt.

Die anfänglichen Regengüsse einerseits, und das damit einhergehende Verdunsten der Gewässer infolge der Sonneneinstrahlung und der von den Vulkanen ausgelösten Hitze andererseits, hielten sich selbst nach einigen Jahrhunderten ebenfalls noch immer die Waage.
Das Gebären des Lebens sollte so gut wie möglich ohne Dualität verlaufen, denn die Erfahrung daraus kann nur in kleinen Schritten gemacht werden.

So kam es, dass das Leben »aus« dem Paradies vertrieben wurde; zumal Letzteres nichts anderes beschreibt als das Eintauchen des Lebens IN die Dualität.

Dadurch, dass die Erdachse im rechten Winkel zur Sonne stand und diese folglich immer im rechten Winkel zum Äquator strahlte, kannte die Erde keine Jahreszeiten.
Eine starke Erwärmung im Bereich des Äquators und ein raues Klima an den Polen war die logische Folge. Allerdings war das polare Klima damals noch viel gemäßigter als heute, da es die halbjährliche Polarfinsternis nicht gab. Es gab zwar auch keinen Polarsommer, doch dafür herrschte das ganze Jahr über ein gleichmäßiges Klima, das im Laufe der Jahre zusehends lebensfördernder wurde. Dadurch konnte sich die Pflanzenwelt ungeheuer schnell entwickeln und ausbreiten, und es entstand ein gesundes Gleichgewicht zwischen dem Verdunsten und der Feuchtigkeit, der Erderwärmung durch die Sonne und den Vulkanausbrüchen, die bis vor einigen hundert Jahren noch ziemlich intensiv waren. Vor etwa tausend Jahren gab es noch etliche Vulkanausbrüche, deren

Lava durchschnittlich einmal pro Woche vereinzelte Landstriche überflutete, und dies gleich mehrere Jahre hindurch.

Wenn du dir bewusst vor Augen hältst, wie kurz das Leben ist, wirst du eine neue und offenere Denk- und Sichtweise im Hinblick auf das Weltbild erlangen.

Erkenne also:
Du bist wichtig, also lebe dein Leben.
Erfahre aus deiner eigenen Bewusst-Werdung.
Aus deinem Bewusst SEIN.

Die Doppelhelix, dein genetisches Erbe, bildet sich ebenfalls wie im Großen, so im Kleinen. Sie ist ein Abbild der kosmischen Spiralnebel und wird durch ihr Erscheinen als Mann und Frau (die Dualität) im Doppel ausgeführt.
Alles Leben, alle Rassen, wurden also gleichzeitig geboren. Wie die Wissenschaft heute weiß, ist der Unterschied der einzelnen DNS-Stränge bei allen Rassen sehr gering. Schließlich währte die Zeit der Entstehung nicht sehr lange. Doch lange genug, um die (wieder einmal!) einfachste Form zu gebären, die DNS.

Dieses All-Eins stieg IN die Urmeere und daraus auch ans Land. Viele Vulkane ließen in Seen und Flüssen gleiche Temperaturen (zu unterschiedlichen Zeiten) entstehen, sodass auch im Süßwasser überaus reichlich Leben entstehen konnte. Und bald sah die Grünpflanzendecke des Weltmeeres aus wie das Land selbst. Die Erde war anfänglich ein vollkommen grüner Planet. Durch diese »Nicht-Dualität« entstand der gleichmäßige Wasserdunstnebel als Atmosphäre, sodass die Oberfläche des Planeten bald nicht mehr durch die üppig wuchernde Pflanzendecke durchschimmerte.
Durch die fehlenden Jahreszeiten wurde dieser gleichmäßige Dunst, den du in nebligen Herbstmonaten oft Wochen hindurch erleben kannst, in regelmäßigen Abständen aufgeheizt. Da es zu jener Zeit noch zahlreiche Vulkanausbrüche gab, deren Wärme in der feuchten Atmosphäre gespeichert wurde, war die Erwärmung wesentlich stärker als heute. Diese Nebelschicht reichte jedoch nicht bis zu der Erdoberfläche, sondern hielt sich als Hochnebel, wo-

durch ein tropisches Klima entstand, das als äußerst angenehm empfunden wurde. Da sich die Wärme bis an die Nähe der Pole ausbreitete, ließ sie auch in Sibirien angenehme Lebensbedingungen entstehen. Die noch immer um die 30 Grad Celsius liegende Temperatur des Weltmeeres ließ dessen Wassermassen zu einem ausgezeichneten Wärmespeicher werden.
Die Erde war gewissermaßen ein isolierter Heißwasserspeicher.

Die Geburt des Wasserstoffs verläuft in der gleichen Art und Weise wie die des Lebens.
Auch hier erkennen wir: Wie im Großen, so im Kleinen!

Die Einzeller benötigten für diesen DNS-Wandel die kürzeste Zeit, denn als das Urmeer seine Fähigkeit, Leben zu schaffen, verlor, blieben die Einzeller (bis heute!) in der Dualität. Ebenso verhielt es sich an anderen Plätzen der Erde, an denen dem DNS-Wandel mehr oder weniger Zeit für die Entwicklung zur Verfügung stand.

Das All-Eins hat sein Werk vollbracht.
Es ist wirksam geworden und zieht sich nun wieder zurück, um aus der Dualität zu erfahren.
Es ist wie ein Abwarten und Beobachten all dessen, was es aus der Dualität zu erkennen gibt, bzw. was noch erkennbar gemacht werden soll.
So, wie ein genetischer Abdruck, aus dem ab einem gewissen Zeitpunkt Erfahrung gesammelt wird. Deshalb gibt es diese Artenvielfalt.
Die Evolution trachtet immer danach, die einfachste Form für die jeweilig vorherrschenden Gegebenheiten zu entwickeln. Den größten Teil der Gegebenheiten auf der Erde liefert uns heute das Klima. Doch die klimatische Vielfalt steht in keiner Relation zu der Artenvielfalt des Lebens auf der Erde. Die Natur erklärt dir alles, wenn du nur hinhörst.
Wenn es die Evolution in der dir erklärten Form wirklich gäbe und sich alles Leben aus diesen Einzellern entwickelt hätte, dann könnte man daraus die Folgerung ableiten, dass alte Lebewesen, wie beispielsweise Schildkröten, Krokodile oder Quastenflosser, Millionen Jahre hindurch zu »debil« für eine Evolution waren. An

ihnen ist die Evolution offensichtlich spurlos vorübergegangen; sie haben sich in keiner Weise weiterentwickelt. Und wenn der Mensch tatsächlich vom Affen abstammen würde, dürfte es keine Affen mehr geben, denn alles, was unnütz ist, verkümmert in der Materie; es wird ausgelöscht. Nicht betätigte Muskeln bilden sich genauso zurück wie dein Gehirn, wenn es nicht beansprucht wird.

Du weißt, dass sich jedes Leben perfekt seiner Umwelt anpasst.
Um den Kreislauf zu schließen: Du weißt, dass jedes Leben die ideale Welt für sich ausfindig macht, denn jedes Wesen LEBT.
Alles andere als dieses Paradies entsteht durch deine Gedanken.
Das Paradies der dualen Erfahrung – dein LEBEN.
Du SELBST bist es, der sich sein Leben schafft.
Du SELBST bist dein Schöpfer.

Ob in Hass oder Liebe,
in Freud oder Leid.
Du BIST – Nichts sonst!

WIE du dein Leben lebst, bestimmst DU!

Während einige Wesen die Farben ihres Hintergrundes annehmen, um sich zu tarnen, setzen andere auf die Formgebung, z. B. die Gottesanbeterin; ebenso wie der Fisch auf seine Stromlinienform, oder der Vogel auf seine Flügel.

Welchen Grund sollte also ein perfekt an seine Umwelt angepasstes Wesen haben, in der Zeit der Umwandlung (Evolution) diesen Idealzustand aufzugeben? Ein Fisch wird niemals seine Flossen in Füße umwandeln! Wozu auch? Er wäre IN der Zeit der Umwandlung ja nicht mehr so perfekt wie mit seinen Flossen. Warum sollte er sich also so etwas antun? Es wäre kein Fort- sondern Rückschritt (Degeneration). Genau das, was du heute unter Rückbildung verstehst (Energiemangel während einer Krankheit). Es gibt nur 2 Krankheitsformen. Die eine hat zu viel an Energie (Entzündung) und die andere zu wenig davon (Degeneration).
Eine (künstliche) Evolution durch Züchtung (z. B. bei Hunderassen) ist eine Rassenevolution. Die Rasse selbst wird jedoch immer

Bestand haben. Deshalb kann sich nur die eigene Rasse vermehren; die Erbsubstanz versteht sich nur untereinander; der genetische Code passt nur rassenweise zusammen. Es gibt keinen DNS-Sprung; doch nur dieser würde die Evolution zulassen, die dir von der Wissenschaft gelehrt wird.

Deshalb können sich alle Hunderassen untereinander vermehren; genauso, wie die Menschenrassen. Sie stammen aus einer DNS. Diese vermehrte sich jedoch innerhalb der kurzen Lebensschöpfungsphase des Urmeeres und so stiegen einige Subspezies an Land.
Viele Merkmale der heutigen Menschenrassen sind jedoch auch durch deren Anpassung an das örtliche Klima entstanden.

Als dann der Mensch an Land war und der »Sündenfall« begann, erhöhte sich die Zahl der menschlichen Inkarnationen schnell auf etwa 100.000.

Die Erdaura besitzt kein Zeitgedächtnis. Zeiten sind deshalb nur anhand einer Kette von Ereignissen feststellbar. Dies behielt etwa 500 bis 600 Jahre hindurch seine Gültigkeit.

Da die Eruptionen aus der Erde noch stark und häufig waren, wurde den Inkarnationen oft Einhalt geboten.
Das Ausbreiten der Pflanzen vollzog sich viel rascher, da sich viele Arten auch aus den Gewässern ausbreiteten.
Die Urseen waren ebenfalls sehr warm, sodass sich einige Lebensstränge (DNS) dorthin verirrten, wie übrigens auch so manche Tierseele. Die menschlichen Rassen entstiegen jedoch alle dem Urmeer.

Die Ansiedlung der Menschen an den Meeresküsten war daher die erste Phase des Erfahrens aus dem Körper.
Die einzelnen Menschenrassen stammen aus diesen »Ur-Rassen«. Je nachdem, an welchem Ort die Embryos im Urmeer des Planeten aufwuchsen und als fertige Menschen an Land gingen. Die 37°C-Phase des Urmeeres war ebenfalls sehr kurz und so gelang es etwa hundert menschlichen Inkarnationen aufzuwachsen, zu überleben und sich zu vermehren.

Es entstanden kleinere Siedlungen (Rassensippen). Die Urbarmachung des Landes begann. Die kleineren von den aus dem Urmeer entstiegenen Tierrassen konnten sich noch einigermaßen durch das Dickicht der sich aufgrund der tropischen Temperaturen extrem rasch entwickelten Urwälder fortbewegen. Für den Menschen war es kein Leichtes, sich diese Wildnis gefügig zu machen, das Land zu roden, und das neuerliche Wuchern der Farne und Gräser in Grenzen zu halten. Die klimatischen Verhältnisse waren jeder Form von Leben äußerst zuträglich und so gedieh alles in Überfluss.

Mensch und Tier lebten friedvoll nebeneinander. Die Menschen waren ausnahmslos Vegetarier. Da Obst, Beeren und Pilze ringsum in Hülle und Fülle vorhanden waren, sahen sie keine Veranlassung, Tiere zu jagen. Nicht des Fischfanges wegen, wie dir weisgemacht wird, lebten die Menschen an den Küsten, sondern aus dem einfachen Grund, weil sie aus dem Urmeer kamen.
Erst im Laufe der Zeit stellte sich der menschliche Verdauungstrakt auf fleischliche Nahrung um.

Wie gesagt, zu dieser Zeit war die Erde noch nicht so tief in der Dualität wie heute.

Infolge der Aufschmelzungsrichtung und der Massenverteilung in Form eines scheibenförmigen Wirbels rotierte die Erde ziemlich genau im rechten Winkel zur Sonne. Wie bereits an früherer Stelle erwähnt, kannte die Erde aus bestimmten Gründen keine Jahreszeiten. Sie mussten ebenfalls erst geboren werden.

Die später einsetzende rasche Abkühlung des Urmeeres, die auf die kühlen Niederschläge von kondensiertem Wasser (aus Wasserstoff und dem von der immensen Pflanzenwelt abgegebenen Sauerstoff) zurückzuführen war, führte zur Bildung von riesigen Dampfwolken, die die Erde nach einigen Jahrzehnten mit einer relativ dicken Wasserdampfhülle umgaben.

Dadurch wurde die Strahlung der Sonne an der Äquatorzone etwas gedämpft. Ihre Strahlen wurden jedoch durch die Nebeltropfen auch in die Polregionen geleitet. Von dort aus war Jahrhunderte lang ein Regenbogen sichtbar, der sich mit der Erdrotation (mit der Sonne) um den Pol drehte. Dieser wundervoll anzusehende Regenbogen, der allerdings erst in Polnähe sichtbar war, verlieh der Erde gewissermaßen einen Heiligenschein.

Der Heiligenschein, den du von den Bildern mit Heiligenfiguren kennst, ist ein ebensolches Erfahren wie das damalige der Erde. Das Scheitelchakra lässt diesen, als Heiligenschein sichtbaren, Ring um dieses Chakra genauso entstehen, wie damals die beiden Regenbogenringe an den Polen entstanden. Es war die gleiche Erfahrungsschwingung, nur um ein paar Oktaven niedriger als heute. (Wie im Großen, . . .)

Durch diese dichte, einige Kilometer über der Erdoberfläche befindliche Wasserdampfhülle, konnte also ein relativ gleichmäßiges Klima entstehen. Natürlich herrschten an den Polen tiefere Temperaturen als am Äquator, doch war das Gefälle niemals so stark, wie du es heute kennst. Diese Dunstschicht wurde nach dem Eintritt »in die Polarität« geringer, sodass das Klima am Äquator und den Polen einen größeren Unterschied aufwies. Die Tagestemperaturen am Äquator waren (nach oben hin) mit ca. 40 °C gerade noch erträglich, und an den Polen (nach unten hin) mit ca. -15 °C ebenfalls. Das Eine bedingt das Andere und so gingen bald die ersten Regenschauer nieder. Der Verdunstungszyklus und die Niederschläge begannen mit dem Aufklaren der Atmosphäre. Wolken und heiterer Himmel wurden ebenso erschaffen wie Hell und Dunkel.

Nachdem einige Landstriche schließlich von den Menschen »bezwungen« und besiedelt worden waren, dauerte es nicht mehr lange bis die ersten Hochkulturen entstanden. Deine Vorfahren waren innerhalb einiger Jahrhunderte mit allen möglichen Zweigen der Wissenschaft befasst, sei es nun im Bereich der Natur- oder der Geisteswissenschaften. Dass sie auch der Medizin und ihrer Heilkräfte kundig waren, zeigte sich bereits drei bis vier Generationen nach dem »an Land Kommen« in Form diverser chirurgischer Eingriffe und anderer Operationen.

Die Menschheit weiß IN ihrem kollektiven SelbstBewusst-Sein alles. In ihm ist alles gespeichert. Du brauchst ES nur abzurufen. Es ist immerdar und wartet auf DICH.

So wie es dieses Kollektiv (die menschliche Rasse) gibt, gibt es auch all die anderen Rassenkollektive. Die Mutter all dieser Familien ist die Erde. Ihr kollektives Bewusst-Sein ist das Akasha. Dieses, wiederum, ist ein Teil des Sonnenkollektivs, deines Sonnensystems etc. (Wie im Großen, ...)

Da alles Schwingung ist, kannst du dir alles, wirklich ALLES, durch das Verstehen der Schwingungen vorstellen. Ob es sich dabei um Schwingungen in der Elektronik handelt, sei es am Oszilloskop oder bei der Spektralanalyse eines Digitalfotos oder um Schwingungen der Musik, alles kannst du wahrnehmen. Die Elektronik öffnet dir für diesen Erkennungsprozess der Schwingungen Tür und Tor.
Mir öffnete sich die Tür durch die Musik, die ich nur in DIESEM Zeitalter erfahren kann, denn erst mit der heutigen Elektronik ist es möglich geworden, Musik in dieser Qualität zu Hause zu genießen.

Musik »führt« mich,
vielleicht kann sie auch dich »führen«?
Mich führte sie auf den Weg,
und DICH . . .

Wie bereits erwähnt, ist es dein Gehör, das dich den größten Teil der Schwingungen aufnehmen lässt. Immerhin sind es zehn Oktaven, und das ist ein gewaltiges Volumen für eine Übertragung aus der dualen Welt. Deine Ohren sind somit dein größter »Sender«.

Nutze sie!

Die aufkommenden Winde peitschten die Meere auf. Mit dem Eintauchen in die Dualität nahmen sie immer mehr an Heftigkeit zu. Die Blitze der extremen Unwetter setzten bald die ersten Wälder in Flammen. Verheerende Großbrände breiteten sich aus, wobei sich das duale Geschehen immer mehr, immer tiefer formte.

Staub und Asche, Wellen und Wolken, Hagel und an den Polen Eis und Schnee wurden aus dem Erdgeschehen geboren. Das Eine bedingt immer das Andere und so entstand alles rund um das Leben. Alles veränderte (und verändert!) sich in der Weise, wie das Eine das Andere bedingt. Wenn aus dem Jetzt genügend Erfahrung geschöpft wurde, verändert es sich.
Der ewige Prozess allen Lebens.
Die Erde wurde blau, die Ozeane also klarer.
Vom All aus war ihre Wandlung wahrnehmbar.
Die Dualität wurde dadurch bis weit hinaus sichtbar.
Die Erfahrung eurer Lichtermeere in der Nacht,
welche weit hinaus sichtbar sind
wird genauso gemacht,
wie damals die der blaugrünen Erde.
Leben muss sich sichtbar machen.

Es ist jedoch auch hörbar.
Das Pfeifen der Winde ebenso,
wie das Atmen der Erde.
Hast du schon einmal hingehört?

Die Entstehung des Sonnensystems ging mit vielen anderen Ansammlungen rund um »Dein Lebenssystem« einher.

So entstanden in relativ kurzer Zeit nicht nur viele Planetensysteme im Umkreis, sondern auch die gesamte Milchstraße (auch sie ist ein Spiralnebel). Die Spiralnebel zur Schaffung von Planetensystemen durchfließen den Kosmos ebenfalls wellenartig (schließlich handelt es sich dabei ja auch um eine Schwingung) und so entstehen zahlreiche Galaxien.

Der Zeitpunkt, zu dem die Entstehung ihren Anfang nahm, kann nicht weit zurückliegen; folglich kann auch das Weltall nicht so alt sein. Jedenfalls steht er in keiner Relation zu dem von der Wissenschaft vertretenen Alter.

Wie die vielen Vulkanausbrüche, deren Intensität erst vor ein paar hundert Jahren nachließ, so waren durch den Aufschmelzungsprozess auch viele kleinere Wasserstoffansammlungen entstanden, die zum Teil als Kometen und Meteoriten umherkreisten. So bekam auch die Erde in ihrer Anfangsphase einige mehr oder weniger große Meteoriteneinschläge zu verspüren. Heute sind bereits weit über 200 solcher Einschläge bekannt (z.B. jene im Golf von Mexiko und unzählige in der Antarktis).

Das Auskühlen der Erdrinde kurz nach dem Aufschmelzungsvorgang hatte zur Folge, dass durch die großen Gasblasen etliche Krater entstanden. Der Großteil der auf dem Mond sichtbaren Krater ist ebenfalls auf diese Weise entstanden. Doch auch Vulkanausbrüche, in deren Verlauf mehrere Milliarden Tonnen an Lava ausgespuckt wurden, kennen die Menschen aus den letzten 150 Jahren. Die Entstehung der Gebirge benötigte allerdings eine weitaus stärkere Kraft als die Erde aus sich selbst herausschöpfen konnte. Diese Kraft wird durch eine Begegnung, eine Berührung, ausgelöst.

Eine große Anzahl der Vulkanausbrüche war auf die enorme Hitze und die Reibung zurückzuführen, die der Wasserstoff aufgrund des starken Drucks im Erdinneren bis zu seinem Entweichen aus der Erdkruste aufgebaut hatte.

Es folgten verheerende Katastrophen mit mächtigen Erdbeben, die manche Gebiete zur Gänze verwüsteten und alles Leben in ihnen auslöschte.

Doch die Auswirkungen dieser Geschehnisse blieben immer auf einzelne Gebiete beschränkt. Allerdings gab es auch Lavaergüsse, die fast einen ganzen Kontinent überzogen.

Bei der Stabilisierung der Erdkruste waren immens starke Ausgleichskräfte am Werk. Der Druck, den die Erdrinde infolge ihrer nach innen gerichteten Anziehungskraft auf den inneren Wasserstoff ausübte, das Entweichen desselben durch die entstandenen Erdspalten sowie das Auskühlen der letzten Aufschmelzungsreste brachten diese Vulkantätigkeiten relativ bald zum Erliegen.

Einige Menschen wurden bereits Zeugen der Folgen so mancher Katastrophe. Sie erlebten Erdbeben, bei denen sich niemand auf den Beinen halten konnte. Die Erde bebte nicht; es war, als ob sie wankte. So wie ein Mensch, der über den Durst getrunken hat. Jeder erlebte an sich den Lebensinstinkt, den Überlebensinstinkt, den jedes Wesen besitzt und der darauf ausgerichtet ist, das biologische Überleben seiner Spezies zu gewährleisten, um weiterhin als erfahrende Rasse zu leben.
Alle Rassen, die genug aus sich erfahren hatten, starben danach aus. Das ist weder Zufall noch etwas Schlechtes. Es ist Bestimmung.

ES

IST

9 Ein Bretagneabend

Die Spinne spinnt ihr Netz im Mondlicht
und der letzte Hund stellt gerade sein Bellen ein.
Der Flieger verstummt und gibt die Stille frei.
Am Meer leuchtet der Horizont durch die Gewitter auf, doch ihr Donnern ist nicht zu hören, sie gehen zu weit draußen nieder.

Im Nebel über dem Meer kannst du im Mondlicht
der Wahrheit entgegen sehen.
Sie ist dort draußen genauso verborgen,
wie in deinem Innersten.

Egal, wo du diese Wahrheit suchst,
Du kannst sie immer entdecken,
wenn du nur willst.

Über viele Wege wurde ich hierher geführt,
über viele Wege gehe ich wieder zurück.

Das einmal Geschaffene, auch dies kennt ein zurück.
Auch wenn wir das heute noch nicht wahrhaben wollen.

Die Sammlung der aufgeschmolzenen Materiensysteme bewirkt wiederum den gleichen Zyklus, wie jener, der für die Entstehung maßgebend war.

Hier war es die »Erstgeburt«.
Die weitere Geburt geht in gleicher Weise vor sich wie das Gebären aus dem Wasserstoff, jedoch nun mit fester Materie.
Andere als die heute bekannte Materie entsteht so lange,
bis die gesamte Materie in sich zerstrahlt.

Sie wird wieder zu dem, was sie war.

Reine Energie,
das All-Eins.

Die zerstrahlende Materie kehrt dorthin zurück, woher sie gekommen ist. Diese Geschichte wird sich ebenfalls wiederholen.

Wiederholen, um Anderes aus sich selbst heraus zu erfahren.

Um aus sich selbst zu schöpfen.
Aus dem, was das Paradies für den Menschen IST.
Schöpfe aus dir selbst, dann bist du frei.

Dann ist dein Leben ein Paradies.

Die Spinne spinnt sich selbst ihr Paradies.
So auch jeder Spinner.

Wenn du jedoch alles nachprüfen kannst und dennoch weiterhin zweifelst, so kannst du nur dich selbst ändern.
Damit wären wir wieder dort:
... wenn du dies willst ...

Und wer denkst du,
kann etwas daran ändern,
wenn du die Beweise nicht nachprüfst,
sondern denkst,
»Vergiss es«?

Dazu erzähle ich dir eine Geschichte
von einem Vater und seinem Sohn: Der Sohn sagte zum Vater »Du, da hab ich gerade ein Buch gelesen, in dem viele Dinge stehen, die ich in der Schule ganz anders gelernt habe. Vom Energieüberfluss auf unserem Planeten bis zum Alter des Lebens hier auf der Erde. Dass die Menschheit erst einige tausend Jahre alt sei und dass die Geburt Jesu nicht vor 2000 Jahren war.«
Der Vater antwortete: «Wer schreibt denn so einen Blödsinn?«

»Ich weiß nicht, wie der Autor heißt, aber was meinst du dazu? Die Fakten, die dort aufgetischt werden, schließen sich. Da werden so viele bisher ungelöste Rätsel gelöst, wie noch in keiner anderen Story, von der ich bisher gehört habe.«

»Hey Sohnemann, denkst du die in der Schule spinnen alle?«

»Nein, denke ich nicht, aber was haben denn die Römer mit uns gemeinsam?
Oder was denkst denn du, was vor dem Urknall war?
Wie kann überhaupt alles aus einem Punkt entstehen,
der Urknall selbst ist doch das größte Rätsel, oder?«

»Was weiß denn ich; mehr als ich darüber in der Schule gehört habe, kann ich dir darüber auch nicht sagen. Da bist du sicher besser informiert als ich.«

»Na ja, ich weiß nicht, was sagt dir die Erfahrung? Es gibt doch viele ungeklärte Dinge. Wieso kann unsere Wissenschaft nicht einmal erklären, weshalb Wasser flüssig ist? Und warum sollte während der Flut am Meer das Wasser bergauf laufen? Außerdem ist bei Vollmond um Mitternacht Ebbe und nicht Flut, wie es laut der Wissenschaft sein sollte.«

»Die Fragen, die du da stellst,
klingen interessant, woher hast du sie?«

»Weißt du, die kommen nicht alle von mir, obwohl ich mir manchmal schon selbst ein paar solcher Fragen gestellt habe. Sie werden in diesem Buch erklärt. Ich finde, du solltest es mal lesen.«

»Ach, weißt du, diese Fragen sind zwar recht interessant, aber sie bringen dich genauso wenig weiter, wie sie mich weiter bringen würden. Ich hab mich schon so lange mit der Schulmeinung abgefunden, dass ich mich gar nicht mehr mit etwas Neuem befassen möchte.«

»Aber du sollst ja nichts dazu tun, steht da geschrieben, sondern

nur ganz vieles abgeben.
Das ist es nämlich, was uns alle weiterbringen soll.
Und dass alles so einfach sei.«

Je mehr du über dein »UM dich« Bescheid weißt, desto bewusster wirst du dir deines Lebens. Bewusster und dadurch auch glücklicher, wenn du alles so annehmen kannst, wie es wirklich ist. Findest du nicht, dass die Wahrheit über unser Leben interessant ist, möchtest du nichts über dein WOHER erfahren?

10 Die 1. Berührung

Die Menschen wussten über das Weltall genau Bescheid. Sie kannten nicht nur die Planeten des Sonnensystems, sondern auch viele andere Sonnensysteme und sonstige »Ecken« des Kosmos. Ihr Wissen in Bezug auf außerkörperliche Erfahrungen und andere »nichtmaterielle« Methoden war enorm. Nur auf diese Weise ist ein Erfahren der Gesamtheit möglich. Die Wissenschaft erfährt durch die Spezialisierung aus immer kleineren Teilbereichen; die Gesamtheit wird dabei mehr und mehr vernachlässigt. Die Bereiche, in denen Spezialisten arbeiten, sind selbst schon unüberschaubar. Jedes Eins-Sein kann immer weiter in die Dualität geteilt werden. Jede Erkenntnis kann wiederum aus zwei vorhergegangenen Erkenntnissen vereint, wie auch entzweit werden. Eine dieser Wege führt zur Gesamterkenntnis, zum All-Eins.
Der Weg der Entzweiung ist der Weg IN die Dualität. Welchen dieser Wege möchtest du gehen?
Den der Schwingungserhöhung?

Im Zeitalter des Rechners wird eine immer größer werdende Menge an Terabytes (Abermilliarden) installiert und in Betrieb genommen. Jedes einzelne Bit, der kleinste Informationsspeicher der Computer, kann nur binär zählen. Das bedeutet, dass jede einzelne Speicherzelle, jedes kleinste Ding, womit der Computer rechnet, entweder eine Spannung hat, also gleich 1 ist, oder keine Spannung hat, also gleich null ist. Dazwischen gibt es nichts. Es gibt immer nur entweder Eins oder Null. Dieses weltumspannende »Denkschema« hat seine Auswirkungen. Jede Null oder Eins in einem Bit erzeugt eine Schwingung, die vollkommen dual ist. Entweder gut oder schlecht, schwarz oder weiß, hell oder dunkel. Die Dualität wird hier in Vollkommenheit »gespiegelt«. Die Spannungspegel der meisten Rechner sind gleich hoch, die

Taktfrequenz ist jedoch unterschiedlich. Die Höhe der Letzteren nimmt bei den Rechnern permanent zu; genauso verhält es sich bei der Menschheit, die damit lebt (in den Industriestaaten). Diese Spannungsfelder der Dualität beeinflussen die Menschen in den höheren Schwingungsebenen mehr, als du mit Messgeräten wahrnehmen kannst.

Wenn du hinterfragst, wann diese rapide Industrialisierung ihren Anfang genommen hat, wirst du feststellen, dass sie mit der Entwicklung des Computers einherging. Viele Arbeitsplätze können erst durch ihn geschaffen oder durch ihn ersetzt werden. Da das Patriarchat seine Hände im Spiel hat, nimmt es nicht wunder, dass der Computer männlichen Geschlechts ist. Er ist nichts Schlechtes, nur bringt er dir deine Zukunft schneller, als du sie vielleicht verträgst. Es wird eine Welt des Wahnsinns, eines Wahnsinns, dessen Anfang z. B. durch künstlich erzeugten Stress gekennzeichnet ist. Den Computer zu erfinden, war erst nach der Entdeckung des Halbleiters, also auch des Transistors, möglich. Wenn du diese Erfindung unter die Lupe nimmst und einiges davon hinterfragst, dann wirst du erkennen, dass es gar keine Entwicklung des Halbleiters gegeben hat. Die Menschheit war zu dieser Zeit mit ganz anderen Dingen beschäftigt. Sie setzte sich mit der Röhrentechnik auseinander und die Dotierung von Silizium (anfänglich auch Germanium) stand weltweit überhaupt nicht zur Debatte. Niemand betrieb damals Forschung in diese Richtung; schließlich gab es ja die Röhre. Sie erfüllte viele Verwendungszwecke, und auch die ersten Computer wurden noch mit Röhren gebaut. Damals füllte ein Taschenrechner mit den Grundrechnungsfunktionen und nur einigen Dezimalstellen ein mehrstöckiges Gebäude.
Dieses Metall wurde der Menschheit gegeben ...
Das Wo und das Warum soll jedoch nicht Gegenstand der in diesem Buch behandelten Themenkreise sein.

Der Computer teilt also immer mehr in die Dualität auf. Der Lauf der Zeit, der Lauf der Dinge wird durch den rasanten Anstieg dieser Schwingung ebenfalls angekurbelt. Wenn du diese Schwingung unbewusst aufnimmst, dann wirst du mit Stress »belohnt«.

Dadurch entfernt sich der Weg immer weiter vom All-Eins. Dies bedeutet jedoch nicht, dass du deshalb »schlafend« durch diese Welt gehen musst. »Die Dualität der Wirtschaft lässt die Herde müde werden« lautete die Prophezeiung, deren Richtigkeit sich in weiterer Folge immer mehr bestätigen sollte. Du bist nicht gezwungen »mit dem Strom« zu schwimmen.
Du kannst auch gemütlich an Land gehen und dich dort bewegen. Ganz wie du magst ...

Die Natur sowie die gesamte Erde als lebender Planet war damals stärker im Bewusst-Sein der Menschheit verankert als dies heute der Fall ist.
So erkannten die damals lebenden Völker ziemlich rasch, dass eine für sie nicht angenehme kosmische Begegnung stattfinden würde. Sie hatten sich bereits über mehrere Generationen hinweg auf diese Begegnung vorbereitet, als diese dann auch tatsächlich stattfand. Versuche einmal, dich selbst in einer solchen Situation vorzustellen: Deine Eltern wissen, dass du dieses Szenario vielleicht noch erleben wirst und du selbst weißt, dass deine Kinder dereinst so gut wie sicher mit dieser Katastrophe konfrontiert sein werden und dabei vielleicht umkommen. Es gab nichts, was der Menschheit darüber Gewissheit geben konnte, ob es zu einem Weltuntergang kommen, oder ob die Erde diese Begegnung überleben würde. Die Hoffnung ist eine große Erfahrungsquelle des All-Eins. Sie gehört daher oft zum Erfahrungsschatz.
In der Zeit dieser Begegnung geschahen Dinge, welche noch immer tief im menschlichen Bewusst-Sein verwurzelt sind.

Auf diese Zeit gehen auch die Bibelerzählungen zurück. Und die Überlieferung der Geschichte über Gott, der seinen Sohn zu einem auserwählten Volk auf die Erde entsandte, hat sich bis zur heutigen Zeit gehalten. Gottes Sohn war jedoch weder Mann noch Frau (s. Kap.: Matriarchat - Patriarchat), geschweige denn ein anderes Wesen, sondern ein glühender Komet. Als bei der Entstehung des Sonnensystems (dem Aufschmelzen zu schwereren Elementen – Wasserstoffbombenprinzip) der Massenausgleich in ihm erfolgte, wurde dieser Komet aus seiner in Sonnennähe gelegenen Umlaufbahn herausgeschleudert.

Dadurch durchlief er eine stark elliptische Bahn und kreuzte seit Beginn der Entstehung des Sonnensystems und damit auch des menschlichen Lebens, die Umlaufbahn unserer Erde.

Als er in der Endphase dieser Begegnung zum letzten Mal die Sonne umkreiste, um kurz danach mit der Erde zusammenzustoßen, konnten ihn die Menschen mit freiem Auge bereits sehr gut wahrnehmen. Dadurch wurde sich die gesamte Menschheit der großen Gefahr bewusst, die auf sie zukommen würde. Sie erkannte eine mächtige Kraft, und mit diesem Erkennen kehrte schlagartig der Glaube IN sie ein. Der Glaube an eine übermächtige Kraft, die alles zu steuern vermag. Eine Macht, die imstande ist, die gesamte Menschheit mit einem Schlag auszulöschen. Die Demut, der Sinn des Lebens und alle wahren Werte, die im Laufe der Zeit verloren gegangen waren, kehrten zurück. Die Menschheit erwachte und erfuhr einen ungeheuer starken Bewusst-Seins-Schub.

Die Bibel ist nichts anderes als eine Sammlung von Thesen, die einige der damals lebenden Propheten aufgestellt hatten. Es handelte sich dabei vorwiegend um Astronomen, Mathematiker oder andere ähnlich »Wissende«, die aus den Bahnen der Planeten viele Voraussagungen ableiteten. Um Menschen, die aufgrund der damals einkehrenden Demut und des Glaubens an eine übernatürliche Kraft in Form eines Gottes ihre Erkenntnisse niederschrieben. Die Bibel enthält mehrere Passagen, die diese Planet-Komet-Begegnung beschreiben und zahlreiche andere Begebenheiten, die der Wahrheit entsprechen. Doch die Zahl der in der Bibel fehlinterpretierten Ereignisse ist mindestens ebenso groß. Jede Sprache verfügt über eine gewisse Anzahl an mehrdeutigen Wörtern. Zudem gibt es viele Fakten, die einfach verändert wurden, weil zu bestimmten Zeiten (z. B. zur Zeit des Konzils) die Auffassung vertreten wurde, dass sie der Zeit »angepasst« werden müssten.
Ab dieser Begegnung trat die Materie zusehends immer mehr in den Hintergrund; sie verlor an Bedeutung, da die meisten Menschen annahmen, dass ihr Leben unter den gegebenen neuen Umständen ohnehin nur von kurzer Dauer sein würde.

Versuche einmal dir vorzustellen du wüsstest, dass dein Leben von einer großen Allmacht abhängt. Du wirst dir dessen immer bewusster und du erkennst, dass dein Leben bestimmte Bahnen durchläuft. Bahnen, die eigentlich nicht deinem eigenen Wunsch entspringen, die du nicht wirklich bewusst wünschst, doch die du auch nicht verändern kannst.

Erfahre aus deinem Körper.

Du kennst sicher den Satz:

Dein Körper ist dein Tempel.

Du darfst deine Bestimmung wahrnehmen und erkennst dadurch, dass dein Schicksal (dein freier Wille) nur eine kleine Auswahl auf deinem Weg der Bestimmung zulässt.

All die Dinge, die dir im täglichen Leben widerfahren und die du als »nicht so schön« einstufst, genau DAS sind Dinge, die du noch nicht erfahren hast und die du durch (noch) nicht erlangtes Bewusst-Sein erLebst.
Kannst du dir vorstellen, wie viele dieser Dinge nur deshalb geschehen, weil du dich unbewusst steuern lässt?
Um dir dessen bewusst zu werden, erfahre deine Verantwortung.
Die Menschen wussten um ihre Verantwortung. Einige begannen, riesige Höhlensysteme zu bauen. Sie versuchten, sich so gut wie möglich vor der bevorstehenden Katastrophe zu schützen. Andere wiederum traten ihre Verantwortung an besagte Allmacht ab, anstatt ihr Leben selbst in die Hand zu nehmen. Riesen und Zwerge, Tiere und Menschen.

In Österreich sind die sogenannten Erdställe in großer Zahl anzutreffen. Allein im Mühlviertel wurden bisher mehr als 250 derartiger Bauten entdeckt. Im Waldviertel gibt es ungefähr ebenso viele. In einigen von ihnen vermochte ich die damaligen Energien noch gut wahrzunehmen. Sieh' dir einmal einige dieser Erdställe an und mache dir dein eigenes Bild davon ...

Als der besagte Komet zum letzten Mal vorbeizog, waren einzelne

Völker bereits in der Lage, den voraussichtlichen Einschlagsort mathematisch ziemlich genau zu berechnen und zu lokalisieren.

Da sich die Bahn des Kometen aufgrund seiner Sichtbarkeit gut verfolgen ließ und unter den Menschen die Gewissheit erzeugte, dass es zu dieser Begegnung kommen würde, stellte man allerorts mathematische Berechnungen an. Auch heute noch zählt die Mathematik zu den Meisterwerken menschlichen Gedankengutes.
Zunächst konnte berechnet werden, dass es sich nicht um einen Frontalaufprall handeln, und nur ein Teil der Erde betroffen sein würde. Es sollte also mehr oder weniger ein Streifschuss werden.
Um nun den Ort des Streifschusses möglichst genau zu lokalisieren, wurden Berechnungen über Berechnungen angestellt.
Aber bedenke: alles »zu Fuß«.
Zu dieser Zeit gab es keine Computer, die Dualität war noch nicht so alt und hatte noch nicht so einen wichtigen Stellenwert wie heute.

Als die Begegnung vorüber war und sich der Komet so weit von der Erde entfernt hatte, dass die gegenseitige Gravitation wieder vernachlässigbar wurde, war man auf sehr genaue Beobachtungen angewiesen. Mit Hilfe von Fernrohren, die für diese Zeit relativ leistungsstark waren (über 1000-fache Vergrößerung), erfolgten die Beobachtungen auf der materiellen Ebene genauso, wie von den besten »Sehern«. Um eine weitere Bestätigung zu erhalten, wurde ergänzend auch die Mathematik eingesetzt (Dreifaltigkeit – Trinität).

Damals lernte man aus der Natur und nicht aus deren Einbeziehung in unser heute bekanntes Weltbild, in dem bis hin zur Chemie, ja selbst bis zum Atom, alles in gut / schlecht, schwarz / weiß, positiv / negativ eingeteilt wird; in dem es Millionen Gesetze gibt, deren Zweck ausschließlich darin bestehen soll, gegen die Unehrlichkeit zu walten.
Doch wer sagt uns, ob die Menschen, die diese Gesetze erlassen, ehrlich sind? Wer kann über andere Menschen urteilen? Welchem Wesen steht ein Urteil über andere Wesen zu? Wer darf sich herausnehmen, ein Urteil über einen Menschen zu fällen, um sich selbst über diesen Anderen zu stellen?

Heute wird wenig von der Wahrheit bekannt gemacht, denn diese würde dich aus den unbewussten »Steuerungen« entlassen. Da dergleichen jedoch unerwünscht ist, wirst du zum größten Teil mit Unwahrheiten konfrontiert.

Die Wahrheit besteht darin, dass wir uns noch nicht lange auf unserem Planeten befinden und dass sowohl die Erde und das gesamte Sonnensystem als auch die Menschheit noch sehr jung sind.

Ich glaube nicht, dass du dir allen Ernstes vorstellen kannst, dass wir, bevor wir vor etwa mehr als hundert Jahren das Pferd als Fortbewegungsmittel gegen das Kraftfahrzeug eintauschten, etliche Millionen Jahre in materieller «Verdummung« dahinvegetierten.

Die Entwicklung verlief ziemlich linear, denn sie ist die wahre, die eigentliche Evolution.
Stell' dir eine Welt vor, in der es keine Züchtung gibt, d.h. eine Welt, in der keine Eingriffe in die Natur vorgenommen werden. Zu Beginn fanden die Eingriffe des Menschen in die Natur verhältnismäßig selten statt. Heute jedoch erfolgen sie immer häufiger, selbst vor einer Manipulation der Gene wird nicht Halt gemacht. Die Natur lernt daraus; genau so wie die Menschen.
Oder siehst du daran etwas »Schlechtes«?
Alles dient dem Erfahren.
Alles, was existiert ist dazu da,
um daraus zu erfahren.
Es gibt kein Gut und Schlecht.

Es ist eine einmalige Erfahrungsreise, welche du mit dem Planeten Erde erLeben darfst, eine Reise, auf der nichts gleich bleibt.
Die Schraube, in der die Zeit langsam an uns vorüberzieht, ist die Evolution, eine andere gibt es nicht.

Kein Stein bleibt auf dem anderen.
Es gibt keine Gleichförmigkeit; dafür gibt es abertausend Beweise. Weshalb denkst du, dass die Wissenschaft noch immer an der

Gleichförmigkeit festhält? Glaubst du wirklich, die Wissenschaft ist vor zweihundert Jahren stehen geblieben? Je fortgeschrittener dein Alter, desto größer ist deine Möglichkeit, die Entwicklung der Technik im eigenen Rückblick zu erkennen. Versuche einmal, dich daran zu erinnern.
Du wirst feststellen, dass sich der Sinn deines Lebens, trotz Veränderung der Umwelt, nicht wandelt. So, wie sich auch die Oktaven durch die Schwingungserhöhung immer wiederholen.

Wie im Großen,
so im Kleinen.

Dann genießt du die Freiheit zu SEIN.

Du BIST

Denn was anderes bist du in Wahrheit nicht.

Versuche, so wenig Steine wie möglich
IN deinem Leben zu halten,
nur dann bist du in der Lage,
dich der Wandlung hinzugeben.
Jedes Leben, nicht nur der Mensch,
gibt sich der Wandlung hin.
Wenn die Wandlung nicht eintrifft,
dann verwehrst du dich ihr.

Bewusst-Seins-Erweiterung ist die wahre Evolution; eine andere gibt es nicht.

Die Wandlung ist die Grundschwingung allen Lebens.
Entweder gehst du mit dieser Wandlungsschwingung, oder du »reibst« dich daran auf. Wenn du dich dieser Wandlung entgegenstellst, wirst du unweigerlich wieder zu dieser Grundschwingung »hingeschoben« (Schicksal).
Die häufigste Ursache aller Krankheiten basiert auf diesem Phänomen. Dies ist nicht verwunderlich, denn unser Leben baut ja auf dieser Grundschwingung auf, die dir von deinem Schicksal

präsentiert wird. Es ist nicht wirklich dein Schicksal, sondern du selbst.
Es ist die Resonanz aus deinem Tun –
Ursache und Wirkung.

Jeder Mensch, der bereit ist, sich zu wandeln, darf alt werden, da seine Erfahrung immer wieder aufs Neue genährt wird. Sein DA-Sein behält seinen Sinn; den des Erfahrens. Wenn DU dich dieser Grundschwingung hingibst, dann wirst du durch sie die Zeit erfahren. Daraus lässt sich auch erklären, warum die biblischen Gestalten ein immens hohes Alter erreichten. Es waren nicht Adam und Eva, die die Dualität mit einem Schlag (dem Sündenfall) herbeiführten. Das Eintauchen in die Dualität geht vielmehr schrittweise vor sich. So, wie ein Schritt die Geburt ALLER Rassen war, so gab es auch den Schritt der Tag und Nacht, der Jahreszeiten usw. Alles war ein langsames Eintauchen in die immer tiefer werdende Schwingung. Alles verläuft in Form einer Pyramide. Ganz oben, an der Spitze, ist das All-Eins, die unendliche Schwingung.
Die Zeit dehnt diese Schwingung bis in die Bodenfläche, auf der die Pyramide steht – die Erde. Der Erdmantel ist die tiefste, für dich spürbare Schwingung. Es ist die Grundschwingung, mit der die Erde atmet; das, was du als Ebbe und Flut wahrnehmen kannst. Der Mond versetzt den Ballon (die Erde) in eine veränderliche Eiform; diese Schwingung kannst du verspüren. Sie ist die materielle Schwingung, durch die du lebst. Alles baut auf dieser Grundschwingung auf; alles Leben IN der Erde (Astronautenschock, Erdfeldgeräte in Raumschiffen, etc.).

Unterhalb dieser Pyramidenspitze wird meist ein Auge dargestellt, das dich leuchtend ansieht. Dieses Auge wurde zum »herabsehenden Auge«. Es wurde daraus der Herr (Gott), der auf dich herabsieht. Das sehende Auge ist jedoch nichts anderes als das All-Eins, worin du dich letztendlich spiegelst. Es ist das, was aus allem erfahren will,

Ein Teil deiner SELBST.

Erst die Zeit, die etwas nicht wirklich Erklärbares ist, schafft diese

Erfahrungsreise aus dem SELBST. Die Zeit, sie allein ist die Entstehung ALLEN SEINS.
... und wenn du die »Zeitdurchsage« kennen lernen willst: sie liegt sehr knapp an der menschlichen Verstandesgrenze (s. Kap. »Die Zeit«).
Weißt du, dass die Atomuhren immer wieder nachjustiert werden müssen? Zum einen, weil die Zeit nicht wirklich konstant ist, sondern sich ebenfalls ändert, und zum anderen, weil die Rotation der Erde ständig langsamer wird. Wie ein Kreisel, der langsam zur Ruhe kommt. Die höchst unterschiedlichen Achsenneigungen der Planeten zeugen ja ebenfalls von einer kurzen Entstehungsphase des Sonnensystems.
Viele Erscheinungen im All werden mit dem kurzen Alter der Erde sowie mit den rechenbaren Massengrößen erklärbar, wenn die Wissenschaft von den Faktoren einer Erdhülle, anstatt von einem vollen Planeten ausgehen würde. Dem Sonnensystem liegt ein einfacher Rechenschlüssel zugrunde. Kompliziert wird alles immer nur dann, wenn du nicht die Wahrheit daraus erkennst.

Diese, zumindest in der Endphase, genaue Vorausberechnung des Kontaktgebietes des Kometen hatte zur Folge, dass die Menschen bald wussten auf welcher Seite der Streifschuss erfolgen würde, d.h. ob die Erde den Kometen auf der linken oder rechten Seite einholen würde. Kurze Zeit später konnte sogar der Rotationsstand der Erde eruiert werden, also das Zielgebiet. Zumindest früh genug, um eine gefahrlose Umsiedlung der Völker zu gewährleisten.

Nun blieb also den Einwohnern der von der Berührung direkt betroffenen Länder nichts anderes übrig als ihre Siedlungsstätten zu verlassen. Dieses Ereignis wird auch in der Bibel an der Stelle »Der Auszug aus Ägypten« festgehalten; es wird uns aus der Sicht eines Volkes beschrieben, aus der Sicht des »auserwählten Volkes«, obwohl es zunächst den Anschein hatte, dass mehrere Völker davon betroffen sein würden. Erst später, nach dem Zusammenstoß und aufgrund der tradierten Erzählungen kam man zu der Annahme, dass es sich um ein einziges Volk handeln müsse, um ein Volk, das bis heute keine Heimat gefunden hat - das Volk der Juden. Dieses trägt seither ein schweres Los im Bewusst-Sein der Menschheit.

Afrika war jedoch genauso betroffen wie Indien.
Also viele Stämme, alle ausgestorbenen Rassen gehören dazu (z. B. die Neandertaler). Da sich alles Leben parallel dazu im Urmeer entwickelte, können sie nicht deine Vorfahren sein. Demzufolge gibt es weder direkte Nachfahren von Jesus, noch menschliche Nachkommen der Affen.

Doch nun wieder zurück zur Vorausberechnung, die die gesamte Energie der Menschheit in sich vereinte. In dieser Zeit entwickelte sich eine Gedankenkraft, deren Ausmaß – zumindest für unsere heutige Vorstellung – unermesslich war. Sie spiegelte sich in den »Wissenden« wider, die keine Mathematiker oder Politiker im heutigen Sinne waren, sondern »Weise«, denen es zu verdanken war, dass die Menschen, die auf dem betroffenen Erdstreifen lebten, von der zu erwartenden Katastrophe so weit wie möglich verschont blieben.

Das Stammesdenken ist ein Urinstinkt des Menschen; nur daraus konnte überhaupt erst die heutige Politik entstehen. Ob es Häuptlinge, Druiden oder »Wissende« waren, jeder Stamm benötigt eine »Obrigkeit.« Nur durch sie ist ein Erfahren aus der gesamten Seelenfamilie des Stammes möglich. Deshalb gibt es heute (noch immer) so viele Glaubenskriege.
Diese haben jedoch gemeinsam, dass es um eine Religion geht und nicht um die Stämme selbst. Warum wohl? Weil früher jeder Stamm seine eigene Religion hatte und jeder Stamm sehr strenge Abgrenzungen zu den anderen Stämmen schuf.
Die Stammesreinheit war früher ein Gebot. Heute vermischen sich diese Stämme. Weshalb?
Die Erfahrung der Stämme ist zu Ende, die Seelenfamilien vereinen sich nun wieder.
All dies geschieht immer aus einem einzigen Grund:
Durch das »Erfahren wollen« aus der Dualität.

Der Unterschied zwischen den heutigen und damaligen »Führern« besteht darin, dass Letztere ihre Weisheit durch ihre Bewusst-Seins-Bildung erlangten, während die heutigen Führer ohne Weisheit Macht besitzen wollen. Nicht umsonst heißt es: Geld regiert

die Welt. (Nicht im schlechten Sinn, sondern um daraus zu erfahren!)
Das Erfahren aus der patriarchalen Seite ist deine Zeit.
Die Zeit, IN der du lebst.

Die Sonne wird noch einige Jahrhunderte hindurch leuchten, also nicht mehr lange. Der Zenit der Be-Lebens-Schwingung von Mutter Erde ist also schon seit Längerem überschritten.

Der Mutter Erde stehen insgesamt ungefähr 10.000 Jahre zur Verfügung, in denen sie das Leben IN sich erfahren darf. In ihr deshalb, weil die Oberfläche, auf der du lebst und auf der sich das gesamte Leben abspielt, genau so eine Atmosphäre über dem Leben, wie die Gesteinshülle unterhalb deiner Füße besitzt.
Du lebst also, genau genommen, IN der Erde und nicht auf ihr. Du kannst dir dieses Leben vorstellen, wie dein Eigenes aus der Sicht deiner Mutter.
Deine Mutter spürt dich 9 Monate lang in ihr.
Sobald du so weit bist und die Dualität erfahren hast (wie die 9 Monate), dann ist dies genauso, wie bei der Erde. Sie zeugte das Leben aus dem Urmeer und steht in ein paar hundert Jahren dort, wo deine Mutter kurz vor deiner Geburt stand.
Alles Leben, was dann noch »übrig« bleibt, wird aus der Dualität zurück geboren in dein »Wahres ICH«, dein SEIN.
Alle Wesen werden diesen Planeten verlassen und die Geburtswehen der Erde werden ziemlich heftig sein.
Durch die fehlende Sonneneinstrahlung kommt es innerhalb weniger Tage zu einem ungeheuren Temperatursturz, sodass alles Leben ausgelöscht wird und die Erde erkaltet.

Mehr oder weniger getrennt von Eurasien war Amerika, das eigene »Weisentümer« besaß. Die Dualität muss immer vorhanden sein, alles hat seine Berechtigung: Jeder Krieg, jeder Frieden. Während du erfährst, lässt du geschehen. Wenn dein Bewusst-Sein seine Erfahrung wünscht, dann kannst du nichts dagegen tun. Nimm alles in Dankbarkeit an.
Bewerte nicht, es soll dir jedoch nichts gleichgültig sein.

Die Urbevölkerung Mittelamerikas (Azteken, Mayas, Inkas, Indianer, Atlanter und Dutzende weitere Stämme) wussten ebenfalls über die bevorstehende Katastrophe Bescheid. Der Sitz ihres Weisentums lag in Atlantis, das nach dem Aufprall des Kometen leider versank. Das Sargassomeer hält seit jener Zeit viele Schätze in seiner Tiefe verborgen.
Die Atlanter standen mehr IN der Materie als die »Eurasier«.
Hier, in Mitteleuropa, gab es zu jener Zeit größtenteils noch Urwälder, die zu durchstreifen nur einigen wenigen Sippen mit größter Mühe möglich war. Im tiefsten Dickicht dieser Wälder lebten kleine dieser Landschaft angepasste Menschen, die Zwerge. Weder ihrer Rasse noch jener der großen Menschen, den so genannten Riesen, war es beschieden, diese Katastrophe zu überleben. Die Atlanter wussten natürlich ebenfalls, dass sie nicht betroffen sein würden, da sich den Berechnungen zufolge die Berührung an der Oberfläche der anderen Seite der Erdkugel abspielen würde.

Sie allesamt wussten jedoch nicht, was genau auf sie zukommen würde. Deshalb wanderten viele ihrer Stämme aus. Andere, wiederum, beschlossen in ihren Gebieten auszuharren und abzuwarten (... dual).

Nun war es also so weit. Alles, was Generationen zuvor beobachtet, diskutiert, geträumt, gedacht und gelebt hatten, (ES) wurde Wirklichkeit.

ES traf ein

Nicht etwa zum Guten oder Schlechten.
Nicht wegen irgendeines Teufels oder Gottes.
Nicht, weil irgendwer daran schuld sein musste
(Die Menschen suchen immer und überall einen »Schuldigen«).
Wir alle selbst waren ES, die ES so wollten.
Unser GesamtBewusst-Sein sollte daraus erfahren.

Du BIST

Du bist deshalb niemals getrennt vom Geist.

Du bist immer ein Teil des All-Eins,
also Schöpfer deiner Selbst.

Alles geschieht nach deinem Willen, ALLES!

Genau genommen sind die einzelnen Seelenfamilien jeder lebenden Rasse ein Teil des gesamten ErdenBewusstSeins. Die Erde als GesamtBewusstSein wird von allem, was sich mit ihr durch das All bewegt, beeinflusst; es ist ja nichts anderes als ein Teil von ihr. Von dir genauso, wie auch von allen anderen Seelen, geistigen Wesen und kosmischen Schwingungen.

Durch seine, durch die Nähe zur Sonne bedingte, enorme Hitze zog dieser Komet, nachdem er kurz zuvor in einer stark elliptischen Bahn an der Sonne vorbeigezogen war, einen langen Schweif hinter sich her. Aus Sicht der Wissenschaft handelt es sich daher nicht um einen Planet, sondern um einen Komet. Mutet es nicht seltsam an, dass sich laut Bibel gleich 3 Könige von einem Kometen zur Geburtsstätte Jesu führen ließen?
Das dritte Königtum (Weisentum) war jedoch tatsächlich vorhanden, allerdings weit abgeschnitten von den beiden großen (Eurasien und Amerika).

Es war das »Nährende«, der Geist der Dualität, Australien. Diese Triskele der Kelten wurde vom Christentum als Dreieinigkeit übernommen.

Die Australier hatten jedoch nichts zu befürchten.

Das Herannahen des Kometen war schon tagelang beobachtet worden, bevor er in die Erdatmosphäre eintrat.

Sein Herannahen wurde mit einem Bewusst-Sein des Dankes und der inneren Ruhe aufgenommen, wie du es dir heute nur schwer vorstellen kannst.
Da niemand wusste, was wirklich geschehen würde, man jedoch mit dem Schlimmsten, dem Weltuntergang, dem Erlöschen jeglichen Lebens auf der Erde rechnete, ging man daran, Vorräte zu

sammeln, sie tief zu vergraben oder sie an anderen Stellen (Höhlen, Bauten, etc.) in Sicherheit zu bringen.

Das gesamte Bewusst-Sein der Menschheit war auf das bevorstehende Ereignis gerichtet. Alle Schwingungen gerieten in Harmonie und es entstanden einmalig starke Energien ...
All das war das Erfahren des Bewusst-Seins.
Die gesamte Seelenfamilie, also das Erd-Akasha wollte wachsen durch das All-Eins und nochmals von neuem beginnen. Viele Dinge der Sintfluterzählungen sind zwar wahr, doch lassen sie sich mit dem heutigen Menschenverstand nicht mehr richtig »einreihen«.
Da die relative Geschwindigkeit der Erde, gemessen an der des Kometen, größer war, wurde dieser von der Erde eingeholt.

Alles Bewusst-Sein, das damals existierte, lenkte die Berührung so flach, so sanft, dass dieses Phänomen an einen zarten Kuss erinnerte. So, als würden sich zwei Planeten ganz leicht und behutsam berühren und dabei in Feuer und Flamme aufgehen. Das Leben sollte nicht völlig zerstört werden, denn ES war zu kostbar. Hatte doch die Entstehung erst vor kurzem begonnen und wollte daher nicht schon wieder aufs Neue beginnen.
Die Begegnung sollte also nur ein »Fast« werden.
Ein Bewusst-Werdungs-Sprung der Menschheit.
Die Bedingungen des Sonnensystems würden kein neuerliches Entstehen von Leben auf der Erde zulassen. Das Urmeer könnte die dafür erforderliche Temperatur von 37°C nicht mehr so lange halten, wie es kurz nach der Geburt des Sonnensystems möglich war. Also versuchte man, einen Bewusst-Werdungs-Sprung auf dem gleichen Planeten zu erreichen. Dieses Erfahren aus der Materie funktionierte auf der Erde ganz gut, denn der Existenz von Leben auf diesem Planet waren keine Grenzen gesetzt. Die Vielfalt konnte also verringert, und die Erfahrungsenergie in andere Bahnen gelenkt werden. Viele Gattungen starben dabei aus und so leben heute weniger als die Hälfte der Rassen, die im Urmeer entstanden waren. Da es selten möglich ist, im Kosmos die erforderlichen Lebensbedingungen zu schaffen, wählte man diese Art der Bewusst-Seins-Änderung.

Das Bewusst-Sein der Menschen durfte dieses »Fast« mit all seinen Sinnen erLeben.
Es war ein Schauspiel von ungeahnter Größe und alle, die daran teilhaben durften, sind dankbar für dieses »Erfahren dürfen.«

Der Komet trat ziemlich genau bei 10° nördlicher Breite in die Atmosphäre ein und peitschte durch die entstehende Druckwelle den Ozean zu riesigen Wogen auf.
Die beim Eintritt in die Atmosphäre entstehende Reibung löste an der Oberfläche des Kometen, der bereits im All glühte, eine ungeahnte starke Hitzewelle aus. Durch diese Glut und den Sauerstoff, der damals in einem wesentlich größeren Ausmaß als heute in der Atmosphäre vorhanden war, wurde der Entzündungsprozess zusätzlich verstärkt. Das Ergebnis waren riesige Flammen, die dazu führten, dass sich zahlreiche gewaltige Gesteinsbrocken lösten und auf die Erde herabfielen. Unmengen an Gesteinsmassen prallten auf die amerikanische Westküste auf, doch auch auf die arabischen Gebiete. Die größten der abgebrochenen Steinbrocken liegen in Australien (z. B. der Monolith Ayers Rock).
Die Entstehung der gigantischen Flutwellen, die eine Höhe von mehreren Kilometern erreichten, begann östlich der heutigen Philippinen. Ganz Thailand wurde überflutet. Mit ungebremster Kraft rasten die Wellen bis vor Indien dahin. Vor den Grenzen Südostchinas waren sie bereits höher als 3000 Meter. Bedingt durch die Erdrotation bewegten sie sich mit aller Vehemenz auf die Pole zu. Das Vereisungsgeröll in Richtung der Pole ist dadurch ebenfalls erklärbar, denn die Eiszeittheorie kennt nur eine Erklärung für die Vereisung von den Polen zum Äquator. Man versucht, die Ursache dieses Phänomens einer anderen Erdachsenneigung zuzuschreiben. Eine andere Möglichkeit (z.B. die einer weltweiten Katastrophe) lässt die Gleichförmigkeit ja nicht zu.
Riesige Flächen Afrikas sind noch heute übersät von in jener Zeit abgelagertem Geröll, das zum Südpol weist.
Der Pazifik verdampfte einige hundert Kilometer, bevor der Komet China erreichte.
Die Erdkruste war vor dem Ausströmen der riesigen Wasserstoffmengen ziemlich flach. Jung an Jahren, war sie verständlicher-

weise faltenlos; ihre Runzeln, die du heute als Gebirge wahrnimmst, entwickelten sich erst im Laufe der Zeit.

Unvorstellbare magnetische Kräfte entstanden durch die unterschiedliche Rotation (wie ein riesiger Generator) von Erde und Komet. Durch das jeweils unterschiedliche elektromagnetische Potenzial der einzelnen Planeten entstanden Gewitter, deren Blitze wie riesige Stempel aus dem dunstigen Himmel schlugen.

Entladungsstränge, die den Erdboden aufschmolzen und neuerlich Gesteinsfluten mit sich rissen, wurden von dem verdampfenden Wasserdunst eingehüllt.
Das gesamte heutige Himalajagebirge war damals ebenfalls ein ziemlich flaches Gebiet mit einer Höhe von knapp 1000 m.
Die magnetischen Ströme innerhalb der Erdrinde wurden so stark, dass sich riesige Seen mit flüssigem Gestein bildeten. Dieses Resultat ist in etwa vergleichbar mit dem durch Strom ausgelösten Schmelzungsprozess innerhalb einer elektrischen Leitung; nur war die Wirkung der magnetischen Ströme ungleich stärker. Die von den riesigen Wassermassen ausgelösten heftigen Erschütterungen und die anschließende Berührung ließen die noch nicht erkalteten Vulkane erneut ausbrechen.

Diese starken magnetischen Ströme entwickelten sich auch im Kometen, dessen Masse allerdings um ein Vielfaches geringer war als jene der Erde. Das auf ihm verflüssigte Gestein regnete durch die größere Anziehungskraft zur Erde herab.

Die Berührung erfolgte ganz behutsam, denn aufgrund ihrer dünnen Hülle ist die Erde leicht zerbrechlich. Alle zu diesem Zeitpunkt gerade in der Erde inkarnierten Wesen, beteiligten sich daran, dieses leichte Anstreifen zu lenken. Das Steuern der Seelenfamilien (Erd-Akasha) lässt sich vielleicht am besten veranschaulichen, indem du dir vorstellst, ein Auto fernzusteuern. Das Auto ist dein Körper, aber niemals du selbst. Du bist auch dann nicht das Auto, wenn du in ihm sitzt. Du bist der Fahrer.
Du selbst, dein Bewusst-Sein, deine Seele ...
Alles bleibt immer nur

DU

Wenn du ES bisher noch nicht erfahren durftest, so glaube zumindest vorerst daran: Du bist nicht dein Körper. Alles, was dir widerfährt, widerfährt dir IN deinem Glauben.

Am Entstehen der Bibel haben seinerzeit viele Mönche mitgewirkt. Viele weise, wissende und geistige Menschen.
Du belebst JETZT deinen Körper, um daraus die Erfahrung deiner Materie beim Lesen dieses Buches zu erfahren. Du siehst also: alles ist ein Bewusstwerdungsprozess. Das Lesen dieses Buches genau so, wie das Bestellen eines Gartens oder die Meditation. Jedem das Seine.

Also, was willst du ändern? DICH SELBST?

Erkenne, dass du niemals etwas anderes ändern kannst, außer dich SELBST. Alles andere ist so, wie es ist.

Jeder Bewusstwerdungsweg besteht im GEHEN dieses Weges, nicht im davon Sprechen!

Gehe deinen Weg,
doch gehe ihn BEWUSST.
Nur dann wirst du DU.
Du wirst ein Anderer, das ist klar, denn du gehst ja auch tatsächlich einen Weg; doch ist es nicht ein dir aufgezwungener Weg.
Du gehst deinen Lebensweg.
Ob du dein Leben bewusst erfahren möchtest, oder nicht, liegt also in deiner Hand. Du erfährst immer zum richtigen Zeitpunkt.
Du beLebst nur für diese Zeit deinen Körper.
Genau für die Zeit zwischen Geburt und Tod.
Die Zeit zwischen Tod und Geburt ist dir wahrscheinlich ziemlich »fremd«.

Doch das spielt keine Rolle, denn vielleicht sollst du gar nicht daraus erfahren oder zumindest noch nicht jetzt.
Aber einer Sache kannst du dir sicher sein.

Du sollst immer erfahren, was JETZT IST.
Ob dies nun für dich schön ist oder nicht,
das sind deine Gedanken – NICHTS sonst!

Doch nun möchte ich wieder auf das Thema der Berührung zurückkommen.

Die Flugschneise hatte eine leicht nördliche Bahn. Die Berührung erfolgte bei 20° nördlicher Breite. Die eigentliche Berührung war kurz, aber dadurch umso spürbarer; sie fand in dem Gebiet um Saudi Arabien statt. Noch heute ist die teils mehr, teils weniger sichtbare Schneise ziemlich erdumspannend erkennbar. In Saudi Arabien lässt sie sich z.B. an den im Toten Meer vorhandenen Geröllpfropfen und an den Erdölvorkommen noch gut erkennen. Vor dieser Berührung wurde in alten Kalendern mit 360 Tagen pro Sonnenumrundung gerechnet. Der Bewegungsablauf der Erde wurde dadurch gestört, pendelte sich jedoch rasch wieder (fast vollkommen) ein, sodass heute – abgesehen davon, dass sich die Achsenneigung der Erde in die heutige »Kippung« verändert hat - fast nichts mehr daran erinnert.
Diese ersten und stärksten Taumelbewegungen der Erde wurden von allen alten Völkern als Sonnen- bzw. Mondstillstand beschrieben. Sie lassen sich recht gut veranschaulichen, wenn du dir vor Augen führst, dass die Erde um ein Vielfaches weniger an Masse besitzt als dir erklärt wird, denn sie besteht ja nur aus einer Kruste, deren darunter liegende Raum mit gasförmigen Wasserstoff gefüllt ist. Der eiskalte Kern (Erdmittelpunkt), auf dem noch dazu ein immens starker Druck lastet, ist die einzige feste Masse innerhalb der Erde. Als die Berührung erfolgte, war es am betroffenen Ort ungefähr Mittag, bzw. Mitternacht auf der gegenüberliegenden Seite der Erde (Westamerika). Dies kannst du in den alten Schriften nachlesen, in denen der Stand der Sonne und des Mondes zu diesem Zeitpunkt genau beschrieben wird (großes Erdbeben durch die Berührung, etc.). Diese Schriften lassen klar erkennen, dass es sich um ein erdumspannendes Ereignis gehandelt hat, das ein heftiges Erdbeben und die größte Umwälzung der Erdrinde seit ihrem Bestehen und des Lebens auf ihr zur Folge hatte.
Der Abstand zwischen Erde und Sonne war vorher etwas kleiner.

Durch diese Berührung wurde die Erde nach außen gedrückt. Dadurch kippte sie in die heutige Schräglage, denn zuvor hatte sie sich im rechten Winkel zur Sonne bewegt. Auch hier sollte die Dualität erst erfahren werden, denn vor dieser Berührung hatte es keine Jahreszeiten gegeben.
Die Tages- und Nachtzeiten waren (am Anfang der Erdbelebung durch die Wesen) durch die Wasserdampfhülle beinahe nicht wahrnehmbar. Die Sonneneinstrahlung wurde zum größten Teil gebrochen und gespiegelt, sodass eine sehr gleichmäßige Bestrahlung der Erde erfolgte. Dementsprechend war das Klima fast weltweit in allen Regionen sehr mild und angenehm. Am Äquator wurde die Sonneneinstrahlung gedämpft und zu den Polen hin wurde genügend Strahlung reflektiert.

An jenen Stellen, wo sich die heutige Sahara noch immer nicht von dieser Berührung regeneriert hat, erkennst du wie jung dieser Streifschuss ist, dessen Spur der Verwüstung dicht über der Erdoberfläche verlief. Durch die gegenseitigen magnetischen Entladungen und die gewaltigen Blitzsäulen wurden sämtliche Wälder dieser Region in Brand gesetzt. Ganz Nordafrika brannte lichterloh, während die dadurch ausgelöste Hitze gleichzeitig das gesamte Mittelmeer verdampfen ließ. Dies erklärt, weshalb der Boden dieses Meeres heute von einer dicken Salzschicht überzogen ist. Da sich bisher nur wenig von dieser Schicht aufgelöst hat (dieses Ereignis liegt ja, wie gesagt, noch nicht so lange zurück!), ist sie noch immer über Hundert Meter dick.
Eine ungeheuer starke Wasserflut schoss durch die Meeresenge von Gibraltar hindurch, sodass sich das Mittelmeer von dieser Stelle aus wieder füllte. Mit dieser Flut gelangten einige Atlanter bis zu den Küsten Ägyptens. Ihr Wissen ist bis heute in einer breiten Schicht unseres Bewusst-Seins erhalten geblieben. Wir brauchen ES nur wachzurufen.

Nordafrika verbrannte gnadenlos unter der Hitze des über ihn streifenden Kometen. Bis heute hat sich die Erde dort noch nicht erholt. Bis die Wüsten dieses Landstriches wieder zu grünen beginnen, werden daher noch einige Jahrzehnte vergehen. Auch bis sich neues Leben in diesen versengten Gebieten ansiedelt, werden noch mehrere Jahre ins Land ziehen müssen.

Mit der Annäherung des Kometen, den magnetischen Strömen, Erdbeben und Flutwellen gingen auch unzählige Vulkanausbrüche einher. Durch die Berührung selbst wurde die Erde stark erschüttert und so kam es, dass sie nach der anfänglichen Hitze nunmehr von der Kälte heimgesucht wurde. Die Reaktion der Erde auf diese Berührung äußerte sich u.a. darin, dass ihre relativ dünne Rinde (max. 100 km) aufbrach, und zwar an jener Stelle, wo sich heute das Tote Meer befindet. Diesem Bruch folgte eine Faltungslinie in den Süden bis nach Südostafrika und im Norden bis an die Grenzen Nordwestrusslands. Die Erde sackte ein. Diese neuerliche Erschütterung bewirkte, dass sich dort eine Faltungslinie bildete, der viele weitere folgen sollten. Nicht wenige der dir heute bekannten Gebirgsketten entstanden zu dieser Zeit, sind also noch sehr jung.

Nachdem viele Millionen Hektar Wald verbrannt, Pflanzen und Tiere umgekommen waren und der Rauch der Feuer die Sonne verdunkelte, ließ der hohe Druck des Wasserstoffs den kleinen Erdriss in kurzer Zeit zu einem riesigen Spalt werden, durch den sich der Wasserstoff mit aller Vehemenz und unter einer enormen Lärmentwicklung einen Weg ins Freie bahnte.
Wir kennen dieses Geschehen ebenfalls aus der Bibel und zwar als die Posaunen von Jericho, die bis nach Belgrad und Südostungarn zu hören waren. Bei entsprechenden Windverhältnissen wurden sie sogar in unseren Breiten vernommen.
Dieses Tosen des durch den Erdriss herausströmenden Wasserstoffs war, wie gesagt, unglaublich stark. Sein Vergleich mit Posaunen rührt daher, dass diese Instrumente damals sehr laut waren. Der Ton, der beim Austritt des Wasserstoffs zu hören war, war jedoch wesentlich tiefer als jener der Posaunen. Er war in etwa vergleichbar mit dem Grollen und Donnern, das du bei starken Gewittern vernimmst, die in weiter Entfernung niedergehen. Dieser tiefe Ton ließ die Erdkruste erbeben und war weithin als Erdbeben spürbar. Die sich in diesem Umfeld entwickelnde starke Hitze des Kometen nahm jedem Lebewesen die Chance, zu überleben. Die Wissen-

schaft weiß heute um den Gesteinspfropfen, der diesen Riss wieder kilometerdick verstopfte.

Durch sein Kondensieren kühlte der mit mehr als minus 200°C ausströmende Wasserstoff die Atmosphäre derart stark ab, dass alles in ihr enthaltene Wasser auf die Erde herab fiel. Die dadurch entstehenden Regenmassen ergossen sich als Hagel- und Eisregen über riesige Flächen. Sie erzeugten – anders als wir dies heute kennen – nicht dünne Eisschichten, sondern Schichten, die zum Teil über 10 Meter dick waren. Die Temperaturen sanken gebietsweise um 20°C pro Minute. In manchen Gebieten, in denen kurz zuvor noch 50 Grad plus gemessen worden waren, sanken die Temperaturen innerhalb weniger Minuten auf minus 20 bis minus 40 Grad. Es war ein unvorstellbarer Kälteschock, der unserem heutigen Schockfrosten in nichts nachsteht. Ein Kälteschock, den nur die am besten konditionierten Rassen und Gattungen überlebten; Rassen, die dieser Art Selektion gewachsen waren.

Den Fortbestand einer Gattung durch das Überleben der jeweils stärksten und der Umwelt am besten angepassten Individuen kennen wir auch heute; z.B. beim gesunden Wildvieh, das ohne Hilfe des Menschen (Wildfütterung) extreme Wintertemperaturen überleben würde. Dass das heutige Jagdgewerbe noch ausgeübt werden kann, ist doch primär auf diese künstliche Lebenserhaltung des Wildes zurückzuführen. Auch die Schulmedizin wählt diesen Weg immer häufiger. Der Tod ist jedoch genauso wichtig wie das Leben, zumal dasselbe doch erst AUS dem Tod entsteht.

Das, was nicht verbrannte (Flugschneise), erfror.
Es war die schnellste duale Wende,
welche das Leben erfahren durfte
– globale Wärme-Kälte –

Du kennst diese Abkühlphase – allerdings in einem kleineren Maßstab – in Form heftiger Gewitter und Hagelregen, wobei Temperaturstürze bis zu 20 Grad keine Seltenheit sind.

Im Zusammenhang mit dem neuerlichen Aktivwerden der bis

dahin noch nicht ausgekühlten Vulkane, möchte ich im nachfolgenden kurz auf den Entstehungsprozess derselben eingehen. Vulkane werden oft durch den Druck des Wasserstoffgases aus dem Erdinneren gespeist. Der Druck lässt durch die Reibung, die der Wasserstoff beim Durchfließen der Erdkapillare ausübt, eine extreme Hitze entstehen und das Gestein schmelzen. Wenn diese feinen Röhrchen (Kapillare) weit genug an die Erdoberfläche heranreichen und der Druck stark genug ist, um die Gesteinsoberfläche zu durchstoßen oder zu zerschmelzen, dann bricht der Vulkan aus. Wie das Ventil eines Schnellkochtopfes. Wenn du dir deine Hautoberfläche im Querschnitt ansiehst, dann kannst du ebenfalls die feinen Kapillare deines Blutkreislaufsystems erkennen, die maßstabgetreu genauso dicht an die Hautoberfläche heranführen, wie die Kapillare der Vulkane an die Erdoberfläche (wie im Großen so im Kleinen). Viele Vulkane sind jedoch noch nicht erstarrte Einschlüsse in der Erdrinde. So, wie Wärmefelder in Seen, so sind dies die restlichen Glutblasen im ausgekühlten Gestein. Auch daran kannst du übrigens erkennen, wie jung die Erde ist. Seit der Entstehung (der Aufschmelzung) sind ja noch nicht einmal die inneren Lavafelder ausgekühlt. Kennst du die glühenden Kohleflötzefelder, von denen in Russland einige unterirdisch dahinglühen?
Dort sind ähnliche Dimensionen erkennbar. Sie zeigen auf, in welch riesigen, unterirdischen Hohlräumen diese Felder glühen. Die Lava-Einschlüsse bildeten bei der Entstehung ebenfalls riesige Seen, da sich die Kruste durch die Kälte des umgebenden Wasserstoffes ziemlich schnell wie eine Haut um die Glutfelder legte. Durch die Gravitation und den Druck des inneren Wasserstoffballons formte sich diese Flüssigkeit, wie alle Flüssigkeiten im All, zu einer Kugel.

Doch nun, um wieder auf die Abkühlungsphase der Berührung zurückzukommen:

Die Lavaströme der erneut ausbrechenden Vulkane erfassten viele Lebewesen, um danach unter den herabstürzenden Eismassen gleich wieder zu erstarren. Vor der Katastrophe waren Vulkanausbrüche zwar an der Tagesordnung, doch jetzt waren es einige Tausend

gleichzeitig, die ihre Lava ausschütteten. Daraus lässt sich übrigens der Grund dafür ableiten, dass die Vulkantätigkeit auf der Erde innerhalb kurzer Zeit sehr stark zurückging. Die Hitze des Kometen und die der Vulkane verflüssigten riesige Mengen an Gestein, das weite Flächen der Erdoberfläche bedeckte. Dies wiederholte sich stellenweise mitunter einige Male, da zahlreiche Vulkane mehrmals ausbrachen.
Die heiße Lava der Vulkane entstand auch immer dann, wenn sich infolge des Schrumpfungsprozesses in der Erdkruste ein Riss bildete, durch den sich der Wasserstoff einen Weg zur Oberfläche bahnte. Wie auch dann, wenn der hohe Druck der Reibungswärme das Gestein zum Schmelzen brachte.

Das Austreten der gigantischen Wasserstoffmengen aus dem Erdinneren und das damit einhergehende Schrumpfen der Erdkruste ließ gigantische Erhebungen entstehen, wie beispielsweise das Himalajagebirge und die Alpen, die sich zu jener Zeit aus der Tiefe des Meeres erhoben.
Magnetismus – ausgleichende Ströme innerhalb der Erdkruste, die in der Umgebung entfachten Brände wie auch die Lavalager erzeugten also eine unvorstellbare Hitze. Seen verdampften und die Wasserdampfmengen in der Atmosphäre verzeichneten dadurch anfangs einen starken Anstieg. Dieser Hitzeschock mit dementsprechender Staub- und Ascheproduktion wurde blitzschnell von der Abkühlphase abgelöst. Alles Wasser kondensierte und ergoss sich sintflutartig auf die Erde.

Bedingt durch die dicken Wasserdampf-, Staub- und Rußschichten sollte es keinen nächsten Tag geben, an dem die Sonne wieder etwas Wärme spendete. Ab nun sollte sich die Sonne mehr als 30 Jahre nicht mehr zeigen.

Die harten Lebensbedingungen, die Kälte, das fehlende Sonnenlicht sowie die Giftkonzentration in der Atmosphäre trugen dazu bei, das Lebensalter der Menschen drastisch zu verkürzen. Auch jenes der meisten anderen Lebewesen. Die Meeresbewohner waren diesbezüglich wesentlich besser dran.
So kam es also, dass mehr als eine Menschengeneration die Sonne

überhaupt nicht kannte. Ihr Leben bestand aus Warten und Überlebenskampf. Nur die wichtigsten Dinge konnten an die Nachkommen weitergegeben werden. Und selbst dies geschah nur selten, da dem Überleben die höchste Priorität zukam. Vieles konnte jedoch durch das »Spüren« weitergegeben gegeben werden. Sei es beim Warten auf ein Tier, um es zu jagen oder auch beim Ausgraben von Baumresten aus dem Eis, um sie zum Trocknen ans Feuer zu legen. Vieles lief ohne Worte ab. Alle wussten, dass es irgendwie weitergehen musste. Für Diskussionen und Gespräche war keine Zeit. Alle trachteten in erster Linie danach zu überleben; doch sie hielten alle zusammen. Alle zogen an einem Strick, wie wir heute sagen würden. Das ÜberLeben war in seine tiefste Phase gelangt.

Der Schöpfungsakt trägt dich durchs Paradies.
Der Wiederauferstehungsakt in die Erkenntnis,
die Dualität.

Verstehe den Sinn der Welt.
Verstehe dich,
dann verstehst du das All-Eins.

Den Sinn der »Sache«.

Wenn du mit diesem Wissen die Bibel liest, dann wirst du sie mit einem anderen Bewusst-Sein wahrnehmen. Dann wirst du die Wahrheit und auch die Fälschungen erkennen. Die Gläubigkeit der damaligen Menschen und die Beschreibungen durch das Bewusst-Sein in jener Zeit wirst du genau so erkennen wie die Ehrlichkeit der wahren Dinge daraus. Die dualen Beschreibungen, die du in Gut und Schlecht einordnen kannst, ordnest entweder du SELBST durch dein Bewusst-Sein oder du liest gerade nicht die Wahrheit, denn die Wahrheit ist niemals dual. Nur deine Gedanken machen aus ALLEM etwas Duales. Genauso aus dir SELBST und DEM, was du gerade erfährst. Wenn dir etwas in dieser Form (mit gutem oder schlechtem Vorsatz) gelehrt wird, so hinterfrage einfach, woher diese duale Bewertung kommt. Aus dir selbst oder aus der »Quelle«, der du zuhörst und/oder zusiehst. Deine Sinne »melden« dir ohne Bewertung, was sie gerade JETZT wahrnehmen.

Nur du selbst beWertest, niemand anderer!
Wissen formt die Weisheit.
Weise Menschen beWerten nicht ...
Dies ist die Grundlage der Weisheit.

Deshalb möchte ich in diesem Buch alles, was ich beschreibe, so neutral wie möglich darstellen. Das ist jedoch nicht immer möglich, da es ja zu allem eine Erklärung gibt, die in der Dualität geschieht. – Eben diese Zeilen auf dem Papier – das Buch selbst.

Es war ein Schritt der gesamten Rassen in kürzere Inkarnationszeiten und auch kleinere Körpermaße.
Es gibt weltweit unzählige versteinerte Fußabdrücke, die zu Menschen mit über 3 Meter Körpergröße gehört haben müssen; es gibt Beweise über Beweise. Genau diese Beweise werden nun das wissenschaftliche Gebäude entweder zum Einstürzen bringen, oder die Wissenschaft wird sich der Energien bewusst, die nicht aus der Materie walten, sondern IN ihr.
Der Geist formt die Materie.
Nur diese Erkenntnis führt zur EINSICHT.

Materie kann sich niemals SELBST formen,
denn sie entsteht aus der geistigen Welt.
Sie wurde (und wird) erschaffen.
Alles LEBEN wird aus der feinstofflichen Welt gesteuert.
Alles LEBEN ist glücklich.
Unglück widerfährt dir nur dann,
wenn dein Ego über deinem SEIN steht.
Wenn du meinst, es über dich SELBST stellen zu müssen. Alles geschieht aus deinem freien Willen.
Alles, außer deiner Bestimmung.

Erkenne DICH, dann erkennst du dein Schicksal.

Das Dunkel nährt das Licht.
Licht ist in der Dunkelheit erkennbar,
Dunkelheit jedoch nicht im Licht.
Das Gute siegt deshalb immer über das Böse.

Magst du nicht gleich DEINEN Weg gehen?
Den Weg der Wahrheit,
der Wahrhaftigkeit ...

Nur der Urknall schaltet die Existenz der feinstofflichen Welt aus. Deshalb hält sich diese Theorie bis heute, obwohl es die »abartigste« Erklärung der Entstehung ist.
Flüssigkeiten können nicht komprimiert werden. Oder war zur Zeit des Urknalles gerade keine Flüssigkeit vorhanden? Woraus bestand aber dann all DAS, was in diesem Punkt vor dem Urknall existierte? Bzw. zu welchem Zeitpunkt begann eigentlich die Entstehung der Materie? Anlässlich des Urknalls, oder bereits vorher? Trotz all der gegebenen Antworten bleiben unzählige Fragen offen. Der Weg der Wahrheit kennt die Antworten; finden kannst du diese nur SELBST ...

Die extreme Dezimierung der Wesen beschränkte sich nicht auf die Menschen, sie erfolgte auch bei Fauna und Flora.
Viele Naturwesen formten ihre räumliche Harmonie erst wieder danach. Die Beseelung der Landschaft ging der körperlichen Beseelung (wie immer) voraus – der Geist formt die Materie.
Landschaftswesen, deren Schwingungen sich über riesige Gebiete erstrecken, geben diese »BeLebung« an die Elemente der Landschaft ab. Diese, wiederum, geben sie weiter an die verschiedenen Erdwesen und fest verwurzelten Wesen (Pflanzen). Die Umgebung (das Revier) der Tiere wird durch diese Energien gespeist. Die »feinsten« dieser BeLebungsschwingungen strömen durch DICH hindurch. Die menschlichen Schwingungen kennen einen kleinen Teil des freien Willens in der Materie.
Das Erfahren schöpft aus ALLEN Formen des SEINS.

Die Inkarnationsschritte durch Stein, Pflanze, Tier und Mensch sind nicht nur hier gegeben. Auch die Wesen breiten sich darin (auf der Erde) genauso aus. Zuerst wachsen Pflanzen auf dem Stein, der die Pflanzen nährt, um die Nahrung für die Tiere zu schaffen. Der Mensch nährt sich aus allem, wir sind die Inkarnationsstufe mit der meisten Erfahrung auf diesem Planeten. Wir sind das letzte Glied in der Entwicklungsreihe. Jedoch nicht in der Evolutions-

reihe, denn die gibt es nicht. Die Evolution, wie sie Darwin lehrte, ist die Entwicklung der DNS im Urmeer. In der Zeit der dafür benötigten Temperatur, also fast zur gleichen Zeit, jedoch ohne körperliche Evolution, also parallel. Tiefe Gewässer, in welche diese Stränge absanken, erkalteten schneller als warme Gegenden, in denen sich aufgrund der Vulkaneruptionen Temperaturen von etwa 37 °C viel länger halten konnten. An manchen Formen wurde länger »geformt« als an anderen. Die Entwicklung der DNS-Stränge ist die einzige Evolution; sie ist jedoch keine Evolution der Arten, sondern eine Entwicklung, die bis zum Untergang des »geistigen Gebärens« anhält. Das Ende dieser Entwicklung erfolgte durch das Fehlen der für eine Weiterentwicklung erforderlichen Umweltbedingungen, wie beispielsweise geeignete Temperaturen, Nährstoffangebot, oder die ideale Zusammensetzung des Fruchtwassers.
Zweifelsohne gab es darüber hinaus auch etliche außerirdische Eingriffe. Davon zu erfahren, war mir ebenfalls gegönnt. Genauere Angaben dazu möchte ich jedoch an dieser Stelle (noch) nicht machen, da mir zurzeit noch zu viele Puzzlesteine für ein Gesamtbild fehlen.

Die »Geburt« der Eiszeit, die den Untergang vieler Rassen und Gattungen zur Folge hatte, war das Ergebnis gewaltiger Flutwellen, explosiver Vulkanausbrüche und eines gestiegenen Meeresspiegels, der fast alle Relikte und alte Bauten untergehen ließ. Dem Kampf ums nackte Überleben fielen auch viele mündliche Überlieferungen zum Opfer.
Bedingt durch die vor dieser Katastrophe vorherrschenden günstigen klimatischen Verhältnisse hatte sich eine gewaltige Flora entwickelt und der Großteil der Menschen lebte an den Meeresküsten. Letzteres überrascht nicht, hatte das Leben des Menschen doch im Meer seinen Ausgang genommen. Das Meer war zu jener Zeit um etwa 10° C wärmer als heute. Doch erkennen wir seit Jahren den Trend zur Erwärmung. Wie du siehst, regeneriert sich die Erde ziemlich rasch. ...

Die Regeneration geht jedoch nicht als gleichmäßige Erwärmung der gesamten Erde vor sich. Die kalten Zonen an den Nord- und Südpolen werden sich stärker erwärmen als der Äquator. Und das in unseren Breiten herrschende gemäßigte Klima wird sich in Zukunft viel großflächiger ausbreiten als bisher.

Dies wird fast überAll Leben ermöglichen und die bewohnbare Landfläche der Erde extrem vergrößern.
Das Erfahren vor dem Exodus (dem Ausbrennen der Sonne in einigen hundert Jahren) möchte mit so viel Inkarnationen wie möglich gemacht werden.

Noch wird die Wärme der Sonne ein Stück gemeinsamen Weges mit dem atmosphärischen Wärmespeicher der Erde gehen und ein angenehmes Klima entstehen lassen. Doch dann wird sie allmählich an Kraft verlieren, um schließlich ganz zu versiegen. Du jedenfalls wirst davon (in dieser Inkarnation) nicht mehr betroffen sein. Zwar wirst du diesen Planeten dereinst aufgrund des geschilderten Klimawandels nicht mehr so oft besuchen können, doch die Alternativen, die sich dir dazu in Form anderer Planeten mit besseren Bedingungen bieten, sind reichlich, sodass der Vollendung deines Erfahrungsweges in der Materie nichts im Wege stehen wird.

Du weißt ja, ALLES liegt in deiner Hand ...

Doch nun, um nochmals auf die durch die Katastrophe bedingte Dezimierung der Rassen zurückzukommen:
Die am stärksten betroffenen Lebewesen waren die Landtiere. Auch die Menschenrasse wurde auf einige wenige Wesen reduziert. Höhlen und tiefe Erdbauten boten selbst dann nicht immer hinreichenden Schutz vor den Flutwellen, wenn sie sich über dem ansteigenden Meeresspiegel und nicht in einer absinkenden Falte der Erdkruste befanden. Viele Höhlen stürzten infolge der sich verschiebenden Gesteinsmassen ein, oder wurden bei einem Erdbeben zerstört. Menschen, die den gleichen Unterschlupf wie die Fleischfresser unter den Tieren wählten, hatten – solange Panik und Furcht vorherrschten – von den Tieren nichts zu befürchten. In weiterer Folge jedoch, sollte sich das Verhältnis des Menschen zum Tier und umgekehrt, schlagartig ändern. Die Menschen, deren Nahrungsbedarf vor der Katastrophe von der reichlich vorhan-

denen Flora gedeckt wurde, die also ausschließlich Vegetarier waren, sahen sich nun in ihrem Kampf ums Überleben gezwungen, ihre vegetarische Lebensweise aufzugeben. Sie begannen, Jagd auf Tiere zu machen, mit denen sie zuvor friedlich zusammengelebt hatten. Durch die Dezimierung ihrer Spezies fanden auch die Fleischfresser unter den Tieren bald kaum noch Nahrung. Ab diesem Zeitpunkt fielen Mensch und Tier einander zum Opfer, und wir wurden zu dem, was wir heute sind.

Die Pflanzenwelt kam erst mit den ersten Sonnenstrahlen wieder zum Erblühen. Allerdings nicht überall, sondern nur dort, wo Samen und etwas Humus an der Erdoberfläche liegen geblieben waren. Das war nicht viel, denn der größte Teil der Erdoberfläche war mit Gesteinsmassen, Lava und toten organischen Material überschüttet.

Als sich die Lage so weit gebessert hatte, dass man an Aufzeichnungen denken konnte und der Mensch nicht mehr ausschließlich mit der Sicherung seines Lebens beschäftigt war, setzte auch wieder ein Bevölkerungsanstieg nach den bekannten Verdoppelungsraten ein. Jede Rasse, die keine natürlichen Feinde, genügend Nahrung und den nötigen Lebensraum besitzt, vermehrt sich nach genetisch vorgegebenen Zeitintervallen. Du kannst dies sowohl an der Menschheit als auch an vielen Tierarten erkennen. Es gibt also eine konstante, sehr exakte Verdopplungsrate der Rassenwesen auf der Erde. Alle Existenz folgt einem »Schema«. Aus der Einfachheit heraus wird die Erfahrung gemacht.
Die unüberschaubare Artenvielfalt, der Reichtum der Natur, der Kosmos und die gesamte Existenz, sie ALLE scheinen für viele Menschen unüberschaubar.
Und doch besteht EIN und ALLES immer aus der kleinsten Einheit. Sei es die Zelle, deren Kern oder die Doppelhelix der Erbmasse. Du kannst EIN und ALLES immer wieder in sich SELBST zerlegen. Deine Gedanken können dies sehr gut, denn sie erzeugen dadurch die Existenz deines EGO.
Das All-Eins beinhaltet die gesamte Existenz.
Es ist genau DAS, was du nicht zerlegen kannst.
Dein Gefühl kommt diesem Zustand sehr nahe.

Jedoch »nur« dein Gefühl.
Wie viel Zeit verbringst du in deinem Leben
in einem Wachzustand, in dem du an nichts denkst?
Damit meine ich wirklich absolut NICHTS.
Es ist so, wie »ins Leere« schauen.
Es ist so, wie eine Betrachtung der Welt
außerhalb derselben.
Außerhalb deines eigenen SEINS.
Eine der ersten Erkenntnisse in diesem Zustand
ist die Erfahrung, dass du nicht dein Körper bist.
Die Reinkarnation erfahren zu dürfen, ist also einer der ersten Schritte auf dem Weg zu DIR, zum SEIN, zum All-Eins.
Die zu jener Zeit lebenden Menschen legten keine großen Energien in die Vermehrung. Dies hatte naturgemäß ein vermehrtes Aussterben der Rassen zur Folge. Wie würdest du heute in der gleichen Situation denken? Würdest du (trotzdem) Kinder zeugen?
Versetze dich einmal in diese Lage.
Vielleicht erkennst du dich selbst IN dieser Zeit ...
In den ersten 30 Jahren nach dieser Katastrophe wurde die Erde nicht nur von Finsternis und Kälte heimgesucht, sondern auch von tagelang andauernden Erdbeben und Vulkanausbrüchen, denen abermals viele von den Wesen, die das Inferno überlebt hatten, zum Opfer fielen.

Durch die Verringerung des Innenvolumens (ausströmender Wasserstoff) der Erde schob sich die Erdkruste in immer größeren Flächen übereinander, meist mit Lava oder anderen flüssigen Gesteinsschichten vermengt. Lava kühlte an der Oberfläche ab und Kalkgestein, das ohne Luftaushärtung breiig wie flüssiger Beton war, erhärtete sich und versteinerte. Fast alle Gebirgsketten bestehen aus Kalkstein; die bei der Entstehung aufgeschmolzene Erdkruste jedoch zum größten Teil aus Granit. Auch das ist einleuchtend, denn die Aufschmelztemperatur war um ein Vielfaches höher als jene, die danach noch erzeugt werden konnte. Die Wärmeenergie kann niemals die Gesamtenergie erreichen, die dieses System (die Erde) bei ihrer Entstehung »erhielt«. Die Aufschmelzungsenergie ließ verschiedene Elemente entstehen, je nach Energiegehalt. Wie stark diese Druckwelle (der Energiegehalt) war, hing

einzig und allein vom Abstand des Wasserstoffwirbels von der Sonne ab. Die Wissenschaft kann daher, je nach Gehalt der Elemente in der Kruste des Planeten feststellen, wo sich dieser Planet zur Zeit der Entstehung befand. Das ist doch ebenfalls ganz klar, oder?
Trotzdem wissen nur wenige Menschen, dass der Mond der Sonne bei der Entstehung am nächsten war.
Es gibt für ALLES, was hier geschrieben steht, die entsprechenden Beweise.
Wenn du glaubst, dass dieser Weg nicht der richtige für dich ist, dann suche nach diesen Beweisen.
Lasse dich so lange führen, bis du SELBST deine Führung übernehmen kannst.
Trachte jedoch immer danach, diese »Führung« zu erreichen, denn sie ist der Sinn des Lebens.
Einen anderen Weg wirst du nicht finden.
Es gibt nur eine Verantwortung,
die für dein eigenes Leben.
Alles andere ist außerhalb von dir.
Ein »Entfernen« von dir SELBST.

Der dir bekannte Beton ist in seiner Zusammensetzung nichts anderes als Kalkgestein. Gebirgsketten und Meerestiefen entstanden genau so, wie du es beim Erhärtungsprozess des Betons beobachten kannst. Nur dadurch gibt es doch überhaupt all diese Versteinerungen, die in Unmengen auf dem gesamten Globus anzutreffen sind.

In der ersten Entstehungsphase kurz nach der Aufschmelzung des Erdmantels besaß dieser eine fast perfekte Kugelform, auf der nur geringe Erhebungen zu erkennen waren. Bei diesen handelte es sich meist um vom ausströmenden Gas gebildete Gasblasen. Die meisten Krater des Mondes entstanden durch diese Gasblasen und nicht, wie allgemein verbreitet wird, durch die vielen Meteoriteneinschläge. Da es heute nur wenige Meteoriteneinschläge gibt, versucht die Wissenschaft mit dieser Theorie die lange Existenz des Mondes zu erklären. Der Mond ist jedoch genauso »jung« wie die Erde.

Vulkan- und Gasblasenkegel siehst du bei heutigen Vulkanausbrüchen in der erstarrenden Lava.

Deshalb findest du auch heute noch in höheren Lagen (z. B. in den Alpen) vom Meer ausgewaschene Felswände. Diese wuchsen erst in die Höhe, als sich die Gebirgsketten bildeten. Das gesamte Himalajagebirge weist versteinerte Meerestiere auf. Sogar der höchste Berg der Welt, der Mount Everest. Unsere heutigen Gebirge werden in wenigen tausend Jahren durch die Erosion abgetragen. Sie können also gar nicht so alt sein. Wären sie es, dann würden die Weltmeere voll von Erosionsschutt sein. Sie sind es jedoch nicht! Einer der neuesten Erkenntnisse der Wissenschaft zufolge sollen die Alpen ca. 3000 Jahre alt sein. Nur weiter so ...

Die Menschheit wartet auf die Wahrheit.
Weißt du, was das Schönste daran ist?
Sie ist nicht mehr zu verbergen.

Und du lebst genau in DIESER Zeit!

In der Zeit, wo sich dir alles Wissen der Mutter Erde offenbart. Annehmen musst du es allerdings SELBST ...

Mit der Faltenbildung der Meere versank Atlantis im Meer (die Aale suchen dieses Land noch heute). Die Atlanter, die diese Wasserfluten überstanden, flüchteten mit vielen Booten in den Atlantik. Es waren kleine, aus 20 bis 30 Menschen bestehende Stämme, die in einem Boot Platz fanden. Unter ihnen befand sich meistens ein »Wissender«, der vom Stamm »gehütet« wurde und für dessen Leben sich die gesamte Sippe einsetzte. Einige dieser Stämme kamen in ihrem Kampf ums Überleben um; entweder zu Wasser oder nachdem sie an den Küsten verschiedener Länder gestrandet waren. Sie ließen sich vom Atlantik treiben und wurden (teilweise) vom Golfstrom getragen. Alle, die diese »Überfahrt« überlebten, wurden an die Westküste Europas und Afrikas angespült (und natürlich auch ins Mittelmeer hinein).
Alle Vogelarten vermehrten sich an den für sie geeigneten Plätzen. Die klimatischen Verhältnisse in unserer Zeit veranlassen sie, ihre

Heimat im Spätsommer zu verlassen und in wärmeren Gebieten Südeuropas und in Afrika (in geringerem Maße auch in Indien) zu überwintern. Meinst du, das war schon immer so? Wenn sie nicht bis vor einer relativ kurzen Zeit in ihrer Heimat die geeigneten Lebensbedingungen für einen ganzjährigen Aufenthalt vorgefunden hätten, würden sie die wärmeren Regionen schon längst zu ihrem ständigen Lebensraum gemacht haben. Daran erkennst du, dass auch der Beginn der Klimaveränderung noch gar nicht so weit zurückliegt.

Der Komet durchflutete die Erdaura von Ost nach West, daher verliefen auch die Hauptströmungen der Meere und der Winde in diese Richtung. Diese Strömungen rissen viel Materie mit sich, um sie an anderen Orten wieder abzulagern. Als diese Hauptströmung vorüber war und sich der Komet wieder von der Erde entfernte, kam es zum Einbruch des atlantischen Rückens und Atlantis versank. Auf dem Meer schwamm an dieser Stelle lange Zeit ein riesiger Teppich herumtreibender Materie. So, wie auch Ölteppiche nach einem Tankerunglück den Ort des Geschehens nur langsam verlassen.
Das Bewusst-Sein der Atlanter verlagerte sich mit dem Hauptstrom des Atlantiks, dem Golfstrom, in Richtung Europa. Sie waren die »Überbringer« des alten Glaubens. In den Kelten lebten sie weiter; von ihnen stammen viele Österreicher ab. Die Ahnenreihen dieser Menschen gehen auf diesen Ursprung zurück und dadurch auch oft die Inkarnationsreihen. Du bist vielleicht auch eine dieser alten Seelen. Vielleicht bist du auch schon seit »Anfang an« dabei. Sowohl bei der Entstehung dieser Erde als auch bei der Beseelung der Materie IN ihr.
Du wirst irgendwann erkennen, dass du schon immer »DABEI« warst.
Als Teil des All-Eins geht es ja auch gar nicht anders!
Du kannst jedoch auch erst aus anderen Sonnensystemen hierher übersiedelt sein; wer weiß ...

Viele dieser angeschwemmten Weisen waren später die dir bekannten Druidinnen und Druiden. Sie kannten den Geist, der über der Materie steht. Sie kannten die Materialisation und Levi-

tation, Zeitensprünge und damit die Paralleluniversen. Die Dematerialisation, die Bestimmung sowie das Schicksal. Die geistigen Gesetze und die Elemente waren für sie alltäglicher als die materielle Welt. Die Aufteilung der Energie in ihrer geistigen und materiellen Welt verhielt sich im Vergleich zu jener der westlichen Welt von heute genau umgekehrt. Nur ohne Meditation ist die industrialisierte Welt möglich. Haben oder Sein.
Zeugen ihres Könnens sind die vielen Menhire, Dolmen und Cairns entlang der Atlantikküste.
Ebenso die Pyramiden sowie viele andere Bauten auf den Leylines.

Zwei von tausenden Menhiren um Carnac

Die Zahl PI (3,14).
Sie entstand aus der Form des Dolmen

Dies alles geschah vor etwa dreitausend Jahren.

Wenn dein Bewusst-Sein für diese Erkenntnis erwacht ist, so kannst du dir auch die entsprechenden Beweise aus den wissenschaftlichen Bereichen holen.
Es gibt einige Methoden, wie die Radiokarbonmethode, Polloniummethode oder die Jahreschronologie der Bäume. Hierbei werden an möglichst vielen Fundorten auf der gesamten Erdkugel Baumringvergleiche durchgeführt. Ein Baum auf einem schattigen Nordhang wächst ganz anders als einer, der nur wenige Meter entfernt am Südhang des gleichen Berges steht.
Klimaunterschiede und örtliche Katastrophen werden hierbei genauso berücksichtigt. Es hängt jedoch von der Anzahl der Vergleiche ab, und die sind heute noch nicht sehr zahlreich. Der Nachteil liegt auch darin, dass die Standorte der Bäume nicht dort sein müssen, wo diese gefunden werden. Durch die gigantischen Umwälzungen bei einer derartigen Katastrophe und den darauf folgenden Versteinerungen wurden die Pflanzen oft hunderte Kilometer weit getragen, sodass ihr ursprünglicher Standort nicht mehr feststellbar war. Ganz zu schweigen von einer Standortbestimmung jener Bäume, deren Wachstum dadurch beeinflusst wurde, ob sie an Nord- oder Südhängen standen, bzw. bei denen die Sonneneinstrahlung durch eine starke Walddichte behindert wurde. Oft wuchs ein Baum in einem dichten Wald auf, dessen Baumbestand später durch Stürme stark dezimiert wurde. Erst ab diesem Zeitpunkt erhielt der kleine Baum, der überlebte, genug Licht, um sich große Ringe zuzulegen. Ab diesem Zeitpunkt beginnen für ihn die »fetten« Jahre. Wann, wo und wie genau diese Vergleiche weltweit angestellt wurden, tut nichts zur Sache. Meines Erachtens ist diese Methode trotzdem die genauere, denn sie kommt wiederum aus der Natur.

Bei Radiokarbonmessungen erhielt man bei lebenden Tieren Ergebnisse von einigen zehntausend (10.000!) Jahren. Dies ist eine Messmethode, die auf der Gleichförmigkeit (Lyell´s Theorie) basiert. Die Natur basiert auf nichts anderem als sich SELBST.
Deshalb ist sie die einzige Quelle.
Die Quelle des Erfahrens.

Der C14-Methode (Radiokarbonmethode) zufolge, muss die Atmosphäre seit eh und je dieselbe Zusammensetzung gehabt haben wie heute. Hält man dieser Anschauung die Auswirkungen der Katastrophe entgegen, so fällt es allerdings schwer, hier Gleichförmigkeit zu entdecken. Leichter haben es da die Anhänger der Theorie von Charles Lyell, der ja die Katastrophe vehement in Abrede stellte.
Durch versteinerte Baumringe, die mit Bäumen, die die Katastrophe überlebt haben, verglichen werden, gelangt man ebenfalls ziemlich weit und sehr genau in die Vergangenheit zurück.
Du kannst daran erkennen, ob es ein »fettes« oder ein »mageres« Jahr war.
Das sagt dir der Baum.
Zum Beispiel kann dir die lebende Rasse der Fichten von ihrer Seelenfamilie erzählen und dir die Beweise dazu zeigen.

Glaube mir, ich bin ein überaus kritischer Mensch und deshalb liegt es mir fern, in diesem Buch etwas zu schreiben, das nicht meiner tiefsten Überzeugung, meinem SELBST entspringt.
Der materielle Anteil des Wesens »Baum« zeigt dir nur seine Jahresringe, das Wesen einer beliebigen Art von Bäumen erzählt dir davon.

Das All-Eins spricht aus jedem, denn jeder ist Teil davon.
Hinhören kann JEDER nur SELBST.
Die Baumchronologie schreibt für dieses Ereignis ebenfalls ein Bewusst-Sein von etwas mehr als 3000 Jahre fest.
Die gleiche Chronologie wie auch viele andere Ereignisse in der Natur lassen sich an diesen Ringen ablesen. Im Gegensatz zu der diesbezüglich von der Wissenschaft vertretenen Meinung, ist die Ungleichmäßigkeit der Natur daran genauso zu erkennen wie an der zweiten (globalen) Katastrophe, die der Ersten über tausend Jahre später folgen sollte.

11 Ebbe und Flut

Die Gezeiten durfte ich an der Atlantikküste der Bretagne erfahren. Sie haben eine einfache Ursache, die mit der uns bekannten wissenschaftlichen Erklärung nicht viel gemein hat.

Ich habe eine Fülle von Film- und Fotomaterial dazu zusammengetragen. Dabei habe ich, je mehr ich mich dem Meer näherte, die ungeheure Kraft gespürt, die von den Gezeiten ausgeht. Speziell an den Küsten mit einem Gezeitenhub von zehn Metern oder mehr. Das war die Praxis. Die Theorie dazu ist jedoch da, wie dort.

Dass die Anziehungskraft des Mondes (Gravitation) etwas mit den Gezeiten zu tun hat, ist unumstritten. Allerdings nicht in der uns seitens der Wissenschaft gelieferten Art und Weise, derzufolge die Entstehung der Flut auf die Anziehungskraft des Mondes auf das Wasser zurückzuführen ist, während die Ebbe dann einsetzt, wenn sich der Mond auf der gegenüberliegenden Seite der Erde befindet. De facto herrscht bei einem Mondumlauf jedoch zweimal Ebbe und zweimal Flut (in einem Rhythmus von ca. zwölfeinhalb Stunden). Wenn der Mond auf einer Seite das Wasser anziehen würde, dann dürfte doch nie auf der gegenüberliegenden Seite ebenfalls Flut herrschen, denn der Mond würde ja von dort das Wasser abziehen. Außerdem müsste zumindest an der Mondseite Flut sein, doch es herrscht Ebbe!

Es war ein unglaublich faszinierendes Erlebnis für mich, eine Mondphase lang das Spiel von Ebbe und Flut am Atlantik beobachten zu können. In den letzten Tagen vor Vollmond konnte ich manchmal bereits die Strömung des Wasserwirbels unter mir verspüren, den Generator unseres Magnetfeldes.

Als am letzten Tag (18.09.05) vor der Vollmondnacht um ca. 16 Uhr die Sonne unterging und sich der Mond anschickte, auf der anderen Seite zu erscheinen, herrschte eine Flut, wie wundervoller man sie nicht erleben kann. Dazu ein wolkenloser Himmel in überwältigenden Farben. Es war wie ein Liebestanz mit der Mutter Erde, bei dem sie dir all ihre Geheimnisse anvertrauen möchte. Wenn du diesen »Liebestanz« mit einem Partner auf irdischer Ebene schon einmal erleben durftest, dann kannst du dir vielleicht vorstellen, was ich damit meine, wenn ich dir sage:
DIESEN »Liebestanz« des All-Eins kannst du niemals in der Dualität erfahren. Das unbeschreibliche Gefühl, das dabei in mir aufkommt, darf ich nur selten ohne Tränen er-Leben. Für Außenstehende mag dies seltsam sein, denn leicht werden Freudentränen für Tränen der Traurigkeit gehalten. Das überrascht nicht, denn im größten Glück ist das All-Eins genauso zu Hause, wie in größter Traurigkeit.
In dieser EinSicht liegt unser größtes Erfahren...

Darum:

Lasse ES geschehen.

Die Anziehung der Sonne auf der einen Seite und die des Mondes auf der genau gegenüberliegenden Seite zog unsere »schwingende« Erde stark auseinander.

Es war so, als würde dein Körper seitlich ganz gleichförmig auseinander gezogen. So, als ob du eine seltsame Art von Wind verspüren würdest. Einen Wind, der jedoch nicht von außen spürbar ist, sondern vielmehr von innen. So, als ob er aus dir herauskäme. So, als ob er dich dort, wo du ihn verspürst, über-All »hinaus« ziehen würde. Gleichmäßig und konstant, nicht böig. Der Druck, den du bei diesem »nach außen Fließen« verspürst, macht sich jedoch nur an deinen Körperseiten bemerkbar. Er verläuft seitlich über deine Ohren, Schultern, Arme und über die Außenseiten deiner Beine hinweg, wobei er in deiner Mitte schwächer wird.
Die Frequenzen von Sonne und Mond sind sehr deutlich spürbar.

Die Erde wird genauso, wie du dies IM Mutterleib verspüren durftest, zu einem Ei geformt. Deine Lage in der Gebärmutter wird nur durch dieses Ziehen in die Eiform bestimmt.
Auch die Erde benötigt genau diese Eiform.

Jedes Leben braucht deshalb einen Mond. Jeder Planet, der Leben »gebärt«, so wie unsere Erde. Um die kosmischen Gesetze zu er-Leben, benötigt jeder belebte Planet einen Trabanten. Durch diese Eiform war die volle Wasserenergie zu spüren. Kein Wunder, denn die Flut hatte gerade ihren Höhepunkt erreicht.
Da 3 Tage später die Herbstequinoxe war (Tag und Nacht Gleiche am 21.09.2005), durfte ich nach dieser Einsicht auch noch die tiefste Ebbe des Jahres erleben und verspüren. Die geringste Energie des dich formenden Wasser-Elementes.

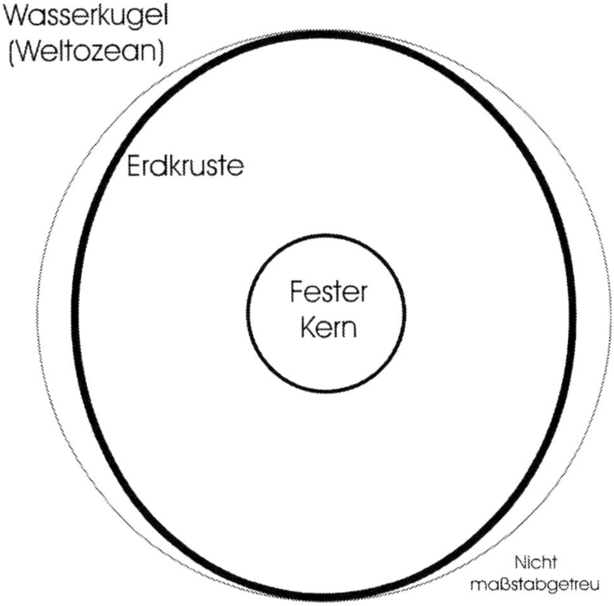

Da das Wasser immer dazu tendiert, eine Kugelform zu bilden, strömt es in die bergab verlaufende Richtung. Der Mond zieht die Erdkruste an, die sich durch ihre dünne Schicht verformt. Sie bildet eine Eiform. Natürlich gibt sie an dünneren Stellen mehr, und an dickeren Stellen weniger nach. Das ist überhaupt erst der Grund für die Gezeitenunterschiede, die es der wissenschaftlichen Erklärung nach gar nicht geben dürfte. Das spitze Ende des Eis zeigt immer in Richtung Mond; deshalb herrscht auf der Seite des Vollmondes Ebbe, während das Wasser zu den tiefer liegenden Seiten links und rechts der Erde strömt. Auf der Seite, die dem Mond abgewandt ist, bildet sich natürlich ebenfalls eine Kuppel (Eiform), wodurch auch dort Ebbe herrscht. Diese Eiform folgt konstant dem Mond und, in abgeschwächter Form, auch der Sonne, die zwar viel weiter von der Erde entfernt ist als der Mond, doch auch um ein Zigfaches größer ist.

Eine einfache Sache also, sollte man meinen, wenn wir dabei nicht erfahren würden, dass die Erde innen mit Wasserstoff gefüllt ist; denn die Verformung zu einem Ei ist nur bei einem Ballon festzustellen. Schau dir eine in der Luft schwebende Seifenblase an. Ihre dünne Hülle macht sie sehr elastisch. Die Hülle der Erde ist zwar um vieles dicker, doch dadurch sind auch die Dimensionen anders. Die dem Mond zugewandte Seite der Erde ist dem Mond wesentlich näher als die abgewandte Seite. Die auf diese Seiten einwirkende Anziehung ist also unterschiedlich stark; die Erde wird dadurch in eine Eiform versetzt, die an eine schwabbelnde Seifenblase denken lässt. Diese Verformung wird jedoch durch die Tendenz des Wassers der Weltmeere, immer eine Kugelform zu bilden, ausgeglichen. Weißt du nun, weshalb diese Erkenntnis verschwiegen wird?

Weil dadurch Wissen entstehen würde, dessen Verbreitung im Nu die Energie-Unabhängigkeit aller Staaten zur Folge hätte. Eine derartige Entwicklung muss natürlich mit allen Mitteln unterbunden werden, da sich andernfalls jeder Staat die Finanzierung einer Tiefenbohrung leisten könnte und das Kräfteverhältnis der Weltmächte eine eklatante Verschiebung erfahren würde.

Damit wären wir bei dem Thema »Macht und Geld« gelandet. Doch damit möchte ich meine Zeit nicht vergeuden, denn dieses Thema hat nicht das Geringste mit dem Bewusst-Sein zu tun.

Als nach einigen Generationen die ersten Lichter zu sehen waren, die nicht von den brennenden Feuern ausgingen, war das Erstaunen der Menschen unvorstellbar groß. Das, was sie bis dahin nur aus Erzählungen kannten, blinzelte ab und zu durch die dicke Wolkenschicht – die Sonne. Ihr Erwachen auf der Erdoberfläche ging langsam vor sich und so hatte das Leben auf der Erde Zeit, sich allmählich wieder an das Licht zu gewöhnen. Jeden Sonnenstrahl nutzend, bahnte sich das erste Blattgrün mit unvorstellbarer Kraft seinen Weg durch die hohen Erdmassen. Der Prozess des Wachsens und Vermehrens, der so lange unterbrochen gewesen war, kam aufs Neue in Gang und mit ihm zog auch das Lachen der Menschen wieder ein.

Die Planetenbahnen und insbesondere die des Mondes ließen die Erkenntnis in Bezug auf Ebbe und Flut wieder zu den Menschen zurückkehren. Allerdings sollte sie bis heute nur Wenigen vorbehalten bleiben.

Bald waren Steine und Felsen wieder von Humus überzogen und bis die Flora erneut flächendeckend vorhanden war, dauerte es ebenfalls nicht lange. Letztere war allerdings aufgrund des noch zu rauen Klimas nicht mehr so üppig wie einst zuvor. Heute gehen wir jedoch wieder auf Temperaturen zu, die früher oder später die Wüsten wieder grünen, und das Eis schmelzen lassen.

1000 km in nördlicher oder südlicher Richtung der Küste entlang, wo ja annähernd die gleiche Anziehungskraft des Mondes herrscht, beträgt der Gezeitenunterschied nicht einmal mehr ein Fünftel. Wie ist das erklärbar, wenn nicht dadurch, dass dieses Phänomen auf die unterschiedliche Erdkrustenhöhe und Erdkrusten-Stabilität zurückzuführen ist?
Je dicker und stabiler die Hülle der Erde in dieser Umgebung ist, desto weniger gibt der Ballon an dieser Stelle nach und desto geringer ist der dort auftretende Gezeitenunterschied. Bei seinem

Anblick denkst du unwillkürlich an eine durch zartes Blasen zu schwabbeln beginnende Seifenblase.

Beim Mont St. Michel, wie auch an vielen anderen bretonischen Orten, durfte ich Zuschauer dieses »Schauspiels« sein. Beim Mont St. Michel beträgt der Gezeitenunterschied bis zu 15 Meter! Dort habe ich auf Film gebannt, wie der Ozean fließt und wie sich die Flüsse bei Flut füllen und bei Ebbe wieder entleeren.

Es gibt nur eine Erklärung;
Wasser fließt immer nach unten, es gleicht immer aus. Wasser nimmt immer eine Kugelform an. Durch die Rotation der Erde und der dadurch bedingten Fliehkraft ist die Wassermenge am Äquator größer als jene an den Polen. Ich erwähne dies im Hinblick auf die runde Form der Erde, und nicht hinsichtlich des Unterschieds Ozean-Festland. In absoluter Schwerelosigkeit bildet jede Flüssigkeit die Kugelform. Die Wasserkugel der Ozeane gleicht also immer die »Krümmung« der Erdkruste aus.

Zum Zeitpunkt der einsetzenden Flut ist das Land im Landesinneren (flussaufwärts) tiefer als der Ozean.
Das gleiche Phänomen kannst du übrigens auch beobachten, wenn du – im flachen Meer (oder in der Badewanne) liegend, das Heben und Senken deines Bauches verfolgst und feststellst, dass das Wasser um dich einmal höher und einmal tiefer steht.
Ebbe und Flut sind die Atmung der Erde.
Im Grunde genommen ist es eine Schwingung, die die Erde zum Atmen bringt.
Diese Schwingung läuft rund um sie herum.

Der Mond konnte also nicht nur die erforderliche Bedingung für einen richtigen Tag- und Nacht-Rhythmus der Erde schaffen, sondern ermöglichte auch dieses intensive Atmen der Erde, das notwendig ist, um die Energie der Inkarnation in ihr zu wecken. Das BeLeben der Erde SELBST.

Die Erde weiß um ihre Verantwortung. Sie selbst ist genauso ein Teil von dir, wie du von ihr. Das Erfahren aus dem Jetzt ist ihr Leben. Sie lebt und erfährt aus ALLEM, was in und um sie geschieht, genauso wie DU. Erkenne den geistigen Weg, der Materielle ist der Anfang davon.

... und am Ende lässt du ALLES LOS ...

An mehr als 28 Tagen liegt die Schwingung des Mondes (Umlaufzeit) um einen Tag hinter der Schwingung der Erde (Erdrotation). Der Mond formte die monatliche Periode der Frau. Auch diese Schwingung wird ja in erster Linie durch den Mond ausgelöst. Er versetzt die Erde in eine eiförmige Gestalt. Er zieht ihre feste Hülle an, wobei er auf die ihm zugewandte Seite die stärkste Anziehungskraft ausübt. Dadurch wölbt sich die Erde in seine Richtung. Die Erde zieht also, aus dem Blickwinkel des Mondes gesehen, ihre Flanken ein. Ihre dem Mond abgewandte Seite wölbt sich ebenfalls nach außen. Das Ergebnis ist die Eiform. Vom Mond aus betrachtet, wirkt die Erde immer etwas schlanker als sie es in Wirklichkeit ist. Da das Wasser stets bestrebt ist, kontinuierlich einen

Ausgleich für die besagte Eiform zu schaffen, strömt es als Ebbe und Flut immer an die tiefste Stelle.

Anhand genauer GPS-Geräte kann man an der Meeresoberfläche dieser labilen Erdzonen oft Seehöhenunterschiede von 20 bis 30 Meter messen.

Die Ebbe des Meeres in einer Vollmondnacht

Der Morgen danach

12 Die Zeit

Nur durch die Zeit ist eine Welt, wie du sie kennst, möglich.

Durch die Verzögerung der unendlichen Schwingung auf eine Endliche entsteht eine Schwingung, die so langsam ist, dass sie gefriert. Sie gefriert zu Materie, die dir als deine materielle Welt bekannt ist.

Diese Schwingungserhöhung ist dir nicht fremd, du kennst sie durch die Erwärmung. Jedes Element begibt sich durch die Erwärmung in einen höheren Schwingungszustand, da es immer mehr Energie speichert. Irgendwann verflüssigt sich dieses Element, falls es sich um einen festen Stoff handelt, und bei einer noch stärkeren Erwärmung wird es gasförmig.

Unser Wasser genauso, wie unser Metall.
Fast alle Elemente haben diese Eigenschaft.
Manche Elemente überspringen den flüssigen Aggregatzustand und werden sofort gasförmig. Durch die Energiezufuhr in Form von Wärme gehen die Elemente in eine höhere Schwingung über. Dadurch schwinden die Haltekräfte zwischen den einzelnen Atomen; durch die Schwingungserhöhung binden sich die Atome zueinander also immer weniger.

Genauso ist es mit deiner Bewusstwerdung.
Auch deinen Weg zu einer größeren Bewusstwerdung kannst du daran erkennen, dass du immer weniger an Halt UM dich brauchst. Den Halt um dich erkennst du jedoch immer erst dann, wenn du dir dessen bewusst bist. Es kann sich hierbei um materielle Dinge genauso, wie um Menschen oder Eigenschaften handeln.

Um dich hier zu finden,
brauchst du Feingefühl für dich selbst.

Du kannst Anerkennung
wie auch Mitgefühl
als Halt UM dich brauchen.

Ein neues Auto genauso,
wie dieses oder jenes.
Aber zurück zur Zeit:

IN der Materie, in welcher du dich JETZT gerade befindest, laufen alle Geschehnisse nach bestimmten physikalischen Gesetzen ab.

Diese Zeit existiert jedoch in deiner materiellen Wahrnehmung.

Die Meisten wissen heute, dass es Menschen gibt, die materialisieren können. Dennoch glauben die wenigsten Menschen daran.
Ist es nicht komisch, dass wir immer für alles Beweise brauchen?

Obwohl es wissenschaftliche Untersuchungen gibt und diese Untersuchungen immer wieder beweisen, dass es sowohl Materialisierung wie auch Dematerialisierung gibt, glauben wir nicht wirklich daran.
Der Geist steht jedoch über der Materie,
also ist JEDE »Wandlung« möglich.
Jede Schwingungswandlung,
jede Frequenzverschiebung ist möglich.

Wir glauben nicht einmal an das, was wir selbst wahrnehmen, denn es könnte sich dabei doch immer um eine Sinnestäuschung oder einen Trick handeln.

Wie sehr glaubst du an eine geistige Welt?
Daran, dass es noch etwas Anderes gibt,
als all DAS, was durch deine »UmWelt«
IN dich einfließt?

Materialisation ist nichts anderes, als ein Verschieben einer materiellen Schwingung von einer Frequenz zur anderen.
Eine Frequenzverschiebung, welche teilweise jenseits deiner Sinne verläuft.
In diesen, für deine Sinne nicht wahrnehmbaren Schwingungen, wird diese Materie geistig geformt (z. B. ein Glas).
Diese »Form« wird genauso, wie bei einem Transformator (Trafo) in die materielle Schwingung transformiert.
Das Glas erscheint auf dem fokussierten Ort.
Wobei dieser Ort nicht durch deine Augen gebildet werden muss, sondern auch vor deinem geistigen Auge sichtbar sein kann.

Es geschehen so viele Dinge und Ereignisse, die ohne Beeinflussung der Zeit NICHT möglich wären.
Wesenheiten, die aus der geistigen Welt »herübergreifen« können, sind uns als Poltergeister bekannt. In einer höheren Schwingungsresonanz nennen wir diese Wesen Schutzengel oder auch Erzengel.

Jeder, der eine Spontanheilung miterlebt hat, bei der zeitverändernde Techniken angewendet wurden, weiß, dass die Zeit veränderbar ist.

Viele unserer UFO-Sichtungen basieren auf zeitverschobenen Wahrnehmungen.

Alles, was du wahrnehmen kannst, geschieht immer in der Gegenwart. Deine Sinne können dir immer nur das JETZT vermitteln.

Deine Sinne kennen keinen Unterschied zwischen Gut und Böse.
Erst dein Nachdenken erzeugt ES.

All Deine Sinne sind im JETZT.
Wenn du diese Sinne wahrnimmst,
dann erfolgt deine Wahrnehmung ebenfalls im JETZT.

Je weiter du dich von deiner alltäglichen Wahrnehmung entfernst, desto weiter kannst du »durch« die Zeit reisen.

Die erste Stufe davon ist JEDEM bekannt:
Es sind die Träume.
Eine weitere Verschiebung benötigt die außersinnliche Wahrnehmung oder Trance. Die außerkörperliche Wahrnehmung kannst du als nächsthöhere Schwingungsform wahrnehmen. Danach eröffnen sich noch viele weitere Dimensionen.
Je weiter du dich von deiner alltäglichen Wahrnehmung entfernst, desto weniger Worte bringt dein Verstand dafür auf.

Dimensionen des All-Eins.
Du kommst der unendlichen Schwingung immer näher.
Dies ist es, was uns unsere Vorfahren als Gott beschreiben.

Die unendliche Schwingung,
welche alles IN sich einbindet.

Ein einziger Faktor erzeugt die Endlichkeit:

Die Zeit

Ohne Zeit sind wir

alle Gott	All-Eins	Geist

und

IN der Zeit	Übermittler	Seele

Durch die Zeit sind wir

göttlich	Materie	Körper

Besinne dich deiner Göttlichkeit
und du wirst das Leben verstehen.

Lerne dein Leben verstehen.

Es gibt kein »REICHERES« Leben

Wer den Gipfel der Weisheit erreichen will,
muss zum Gipfel der Liebe gelangen;

Denn niemand ist vollkommen im Wissen,
der nicht vollkommen ist in der Liebe.

Rhabanus Maurus

13 Die Posaunen von Jericho

Dieses unglaubliche Phänomen, um das sich bis heute die unterschiedlichsten Legenden ranken, bestand in der größten Schall-Energie, die jemals auf deinem Planeten erzeugt werden konnte.

Im Nahbereich war ihre Lautentwicklung derart intensiv, dass sich die inneren Organe vieler Lebewesen aufgrund der starken Luftschwingungen untereinander zerrieben. Die dadurch entstehende Hitze löste bei vielen Lebewesen zunächst hohes Fieber aus. Kurze Zeit danach starben sie an den Folgen der erlittenen Organschäden.

Seit etwa 20 Jahren wird das Prinzip dieser Art Schallerzeugung für militärische Zwecke eingesetzt. Ventilatoren gigantischer Ausmaße erzeugen in exakt abgestimmten Schallröhren eine genau in diesem Frequenzbereich liegende Luftresonanz (Orgelpfeifenprinzip), um durch das Aneinanderreiben der Organe im Inneren der Zielobjekte eine Zerstörung zu bewirken. Die dabei entstehende Energie ist jedoch wesentlich schwächer als die des Erdspaltes, da die Energie damals viel höher war als jene, die mit den heutigen Maschinen erzeugt werden kann.

Viele Menschen, die sich nicht in unmittelbarer Nähe befanden und die trotz der erlittenen Organschäden überlebten, wurden von diesem alles durchdringenden und monotonen Schall in den Wahnsinn getrieben.
Viele begingen Selbstmord oder flüchteten in Panik in weiter entfernte Gebiete.

Durch die tiefen Resonanzen, mit der die Erdkruste in Schwingung versetzt wurde, war nicht nur der Schall zu hören, sondern auch das Vibrieren der Erde zu verspüren; selbst in Gegenden, wo dieser Schall nicht vernehmbar war. Das Austreten des Gases ließ das Volumen der Erde schrumpfen; der immense Druck schichtete ihre Oberfläche übereinander und entwickelte an vielen Orten eine derart starke Hitze, dass sich das Gestein verflüssigte.

Als sich der Erdspalt durch das Schrumpfen der Oberfläche wieder schloss, änderte sich dieser Ton kontinuierlich und auch der Grundton wurde immer höher. Letzteres hatte zur Folge, dass auch die Resonanzfrequenzen der Körper stiegen, sodass jeweils immer andere Wesen in Mitleidenschaft gezogen wurden.

Diese Resonanz kannst du heute bei jedem Lebewesen feststellen. Sie ist eine physikalische Gegebenheit. Jede Materie hat ihre Resonanzfrequenz. Jede Materie schwingt sich mit einer bestimmten Frequenz gewissermaßen von selbst auf.

Mit einem Mindestmaß an Energie lassen sich auf materieller Ebene unglaubliche Erfolge erzielen. Deshalb marschiert auch eine Militärtruppe nicht im Gleichschritt über eine Brücke, da diese dadurch in Resonanz geraten, und einstürzen könnte. Auch Winde haben auf Grund ihrer Strömungsgeschwindigkeit ihre spezifische Resonanz. Dass auch große, Meeresbuchten überspannende, Brücken aus diesem Grund eingestürzt sind, ist belegt. Es gibt bereits einige Videos darüber. Solltest du schon einmal Zeuge eines solchen Schauspiels gewesen sein, in dem sich eine Brücke dieser Größenordnung wie aus dem Nichts aufschaukelt, dann kannst du ermessen, was diese Gewalten bewirken können.
Auch die Akupunktur ist eine Resonanz (die der Meridiane). Die Homöopathie ebenfalls. Und die Töne aller Naturinstrumente sind genau die Resonanz des jeweiligen Instrumentes. Unterschiedliche Töne kannst du ja nur erzeugen, indem du die Saitenlänge veränderst; bzw. bei Blasinstrumenten, indem du die Rohrresonanz änderst.

Zum Zeitpunkt der Planetenberührung und kurze Zeit danach waren die Naturgewalten so stark wie nie zuvor. Orkane fegten mit geballter Kraft über die Erde. Riesige Wasserwände, Eisregen und mehrere tausend Vulkanausbrüche überboten sich gegenseitig in ihrer Heftigkeit.

Die magnetischen Ausgleichskräfte, die die Erdkruste in Form von Strömen überfluteten, waren derart stark, dass sich an einigen Stellen das Gestein verflüssigte. Die gegenseitige Beeinflussung der planetaren Magnetfelder ließen riesige, brennende Luftsäulen entstehen, deren Feuer durch den damals in noch viel größerer Menge vorhandenen Sauerstoff zusätzlich angefacht wurde. Wie stark diese Luftsäulen waren, ließ sich an ihren Einschlagsstellen erkennen, die noch heute bei einigen Kratern sichtbar sind.

Wir kennen das Phänomen der mit Gewitterblitzen einhergehenden Wärmeausbreitung, die sich jedoch in keiner Weise mit der Hitze vergleichen lässt, die damals bei der ungeheuer starken Schallentwicklung auftrat. Diese Hitze, wie auch die enorme Intensität des Schalls, brachte viele Menschen um ihr Gehör, da ihr Trommelfell platzte.

Die existenzielle Not der wenigen Menschen, die diese Katastrophe überleben durften, mag erklären, weshalb so wenig von dem, was sich zu jener Zeit zutrug, überliefert wurde. Und so kam es, dass die Erinnerung der nachfolgenden Generationen an diese Zeit nach und nach immer mehr verblasste und schließlich nur noch sehr lückenhaft, wenn überhaupt, vorhanden war.

14 Die 2. Berührung

»Und Gott sandte seinen Sohn...«
Diese Aussage der Bibel sollte sich also nun zum zweiten Mal bewahrheiten.

Gottes Sohn war jedoch ein Komet, der unsere Erde an jenen Gebieten streifte, in denen sich das auserwählte Volk niedergelassen hatte. Er löste die Sintflut aus, in deren weiterer Folge fast alles Leben ausgelöscht wurde.

Diese zweite Begegnung zwischen unserer Erde und dem Kometen fand erst vor einigen Jahrhunderten statt, doch da du in Bezug auf das Alter unseres Planeten lange Zeit hindurch mit Millionen Jahren konfrontiert wurdest, wird diese Erkenntnis erst allmählich in dir reifen.

Da sich der Komet diesmal auf eine Annäherung beschränkte und es zu keiner direkten Berührung mit der Erde kam, waren die Folgen für Mensch, Fauna und Flora um eine Spur leichter zu ertragen, doch – insgesamt gesehen – sollten sich die Auswirkungen dieser Berührung als noch viel verheerender als jene der Ersten erweisen. Wie bei Allem, sollte es keinen Vorteil ohne Nachteil geben. Dies verlangt die Dualität.

Auch dieser Komet trat in die Atmosphäre der Erde ein (in gewissem Sinn berührte er sie also), doch diesmal wurde die Erdrinde dadurch nicht aufgerissen, sodass die reinigende Wirkung der Atmosphäre durch stärkere Regenfälle ausblieb. Es fand also diesmal weder eine Kondensation noch eine extreme Abkühlung der Atmosphäre durch den eisigen Wasserstoff statt. Die durch die Vulkane aufgewirbelten Staub- und Schmutzpartikel verblieben in der Atmosphäre.

Im Vergleich zum ersten Mal, war das Ausmaß der aufgewirbelten Staub- und Sandmengen um Vieles größer, da sich die Wüsten damals über weitaus größere Flächen erstreckten als heute. Da sich die Erdkruste durch die Anziehungskraft des nahen Kometen verformte (s. Kap. Ebbe und Flut), brachen auch die restlichen Vulkane aus, sodass sich deren Asche tonnenweise ebenfalls in die Atmosphäre ergoss. Alle Vulkane, die sich bei der ersten Berührung »zu rasch« geschlossen hatten, wurde erneut aktiv. Daher dauerte die Nachtphase um viele Jahre länger als beim ersten Mal.

Durch die immense, vom Staub erzeugte Masse wurde die Energie stärker innerhalb der Atmosphäre gebunden. Die Stürme hielten daher länger an und in der Luft wurden Unmengen von Staub gebunden. Dieser Zustand, den die Kirche als »Läuterung« bezeichnet, sollte lange anhalten.

Es vergingen mehr als 200 Jahre, in denen die Sonne kein einziges Mal zum Vorschein kam. Dies erklärt, dass es in dieser Finsternis nur ein paar Tausend Menschen beschieden war, diese sonnenlose und von Hungersnot geprägte Zeitspanne zu überleben.

Erschwerend kam hinzu, dass – im Gegensatz zur ersten Katastrophe – der Tau, das an vielen Stellen der Bibel erwähnte Manna, ausblieb. Es unterblieb diesmal also die chemische Reaktion auf den ausströmenden Wasserstoff.

Dieser Tau, der uns auch unter der Bezeichnung »Honigtau« bekannt ist, war zuvor reichlich vorhanden und hatte vielen Lebewesen ermöglicht, die erste Berührung zu überleben. Die vorherrschende Hungersnot konnte also diesmal nicht durch diese Kostbarkeit gemildert werden.

Physisch zu überleben und die bislang erworbenen geistigen Erkenntnisse durch diese Zeit zu transportieren, stellte daher eine große Herausforderung dar. Die Wesen der Erde wurden somit der zweiten »geistigen Auslese« unterzogen, durch die nur die »Besten« überleben sollten.

Ein Großteil der Menschen konnte sich zwar ein ungefähres Bild dessen machen, was geschehen war, doch sie vermochten nicht, eine Erklärung für all die ungewöhnlichen Naturerscheinungen zu finden: Kälte, gigantische Wassermassen und hohe Flutwellen, die bisher noch nie gesehene Tiere anschwemmten.

Es verhielt sich ähnlich wie beim Tsunami, der im Grunde genommen ja auch nichts anderes war als ein durch unsere Öl- und Erdgasentnahmen verursachtes wiederholtes Nachgeben der Erdkruste.

Der nochmals ansteigende Meeresspiegel war diesmal auf den, im Vergleich zum 1. Mal zwar geringeren, aber immerhin doch in ungeheuerlichen Mengen austretenden Wasserstoff (infolge vermehrter Vulkanausbrüche) zurückzuführen, wodurch die »Falten« der Erdkrusten noch etwas mehr in sich zusammensackten. Durch die fehlende Sonneneinstrahlung gefror das gesamte in der Atmosphäre gebundene Wasser und fiel herab.

Durch Wellen aufgepeitschte Steine, die zu jener Zeit gleichsam aus dem Himmel herab fielen, und deren vielerorts anzutreffende Überreste uns heute als so genannte Stein-Findlinge bekannt sind, wurden auch in Österreich gefunden, z.B. im Waldviertel. Und auch die bei Eggenburg entdeckten Seekühe stammen aus der Zeit der zweiten Berührung.

Der sich diesmal über mehrere Generationen hinwegziehende Kampf ums nackte Überleben führte zwangsläufig dazu, dass die Quote der verloren gegangenen Überlieferungen ungleich höher war als jene, die infolge der ersten Berührung zu beklagen war.

Und genau diesen Neubeginn, den Anfang einer »neuen« Zeit, eben dieser, deiner JETZT-Zeit, nutzten einige kluge Köpfe dafür, um ein Vorhaben zu realisieren, das zwar bis heute noch nicht abgeschlossen ist, aber dennoch seit einiger Zeit die gesamte Weltbevölkerung steuert.

Doch das ist ein anderes Kapitel. Hier sei nur soviel gesagt, dass es zuvor auf unserem Planeten nie Grund und Boden gegeben hat, der sich im Besitz eines einzelnen Menschen (Wesen) befand. Grund und Boden, der zuvor Allgemeinbesitz war, wurde von fiktiven Herrschern und anderen erfundenen geschichtlichen Figuren ohne Gegenleistung an tatsächlich existierende Menschen verschenkt oder verkauft, um diese zu Reichtum und Wohlstand zu bringen.

Wo aber findest du Reichtum oder Wohlstand auf deinem Weg?
Wo liegt die Wahrheit deines SEIN?
Ohne Reich kein Arm. Woraus solltest du dann erfahren?
Wie könntest du Armut oder Reichtum erfahren, wenn alle gleich wären?
Die Dualität funktioniert nur so, wie sie eben ist.
Was bewertest du (noch)?

Dein Erfahren aus der Materie ist immer das Gleiche. Was sich ändert, ist nur die Frequenz der Schwingung, die sich immer mehr erhöht, sodass du deshalb aus scheinbar immer Neuem erfährst. Der Grundton der Erde schwingt sich in immer feinere Töne hoch. Die irdischen Schwingungen stammen aus der Mutter Erde. Dein Wurzelchakra empfängt diese Energie. Der andere Teil strahlt als kosmische Schwingung durch dich ein.
Die Kundalini verbindet diese Energien in der Form der Schlange, die ja auch in der Bibel »Verführerin« genannt wird.

Die so genannten finsteren Jahre des Frühmittelalters wurden also erfunden und genutzt, um Arm und Reich zu schaffen. Später wurden sie einfach wieder an die Zeitrechnung angehängt. Auch die überaus spärlichen Funde aus dieser Zeit sind entweder gefälscht oder nicht eindeutig dieser Zeit zuzuordnen. Die Schenkungen (z.B. jene von Karl dem Großen), die mittels gefälschter Urkunden zur nachträglichen Legitimation von Grundbesitzansprüchen dienen sollten, waren somit der Anfang der Verwirklichung eines Planes, den man als Plan der Unterjochung bezeichnen könnte.

Heute ist es nicht anders als damals, nur »moderner«.
Sind Leasingarbeiter die modernen Sklaven? Die einstmals durch die Kirche erfolgte Steuerung erfolgt in der heutigen Zeit durch die Medien. Also alles wie gehabt, nur in »unauffälligerer« Form.

Die beiden Welten (geistige und materielle) halten sich überall die Waage.

Wie innen, so außen,
wie oben, so unten.

Du sollst in gleichem Maße sowohl IN dir, als auch UM dich erfahren. Theorie und Praxis, freier Geist oder »Normung«. Wenn alles in seine »Form« gebracht wurde, dann hat die Uniformität überhand genommen. Damit kommt es wiederum zu einer Dezimierung der Wesen, denn sie alle wandeln sich zur Uniformität. Katastrophen sind also die Voraussetzung für jede Wandlung. Die Zeit atmet durch den Krieg (die Katastrophen) und den Frieden (die Harmonie).
Entdecke dieses Atmen, denn genau DAS ist der Grundton der Mutter Erde.

Natürlich gab es neben den beiden beschriebenen, auch noch andere umfangreiche Katastrophen. Ihre Auswirkungen waren jedoch nicht auf dem gesamten Planeten zu spüren. So gab es auch seit der Existenz der Erde nur zwei Eiszeiten. Das Ausmaß der Zweiten war jedoch wesentlich geringer, da der austretende Wasserstoff und die damit verbundene kräftige Kondensation fehlten.

Du brauchst dich nur umzusehen, um zu Vielem von dem, was du hier liest, die entsprechenden Beweise zu finden. Die Erkenntnis, dass es nicht nur materielles Untersuchungsgut gibt, dauert eben (noch) ein wenig.

Das Wissen der Altvorderen wurde jedoch nach einigen (dunklen)

Inkarnationen nur äußerst spärlich weitergegeben und selbst in den ersten Jahren nach der »Sonnenrückkehr« vermehrte es sich nur ganz zaghaft. Der Einfluss des sich später ausbreitenden Christentums machte jedoch auch vor diesem Volk (z.B. die Templer) nicht Halt, und die Zeit der Inquisition sollte schließlich die letzten Verbindungen zur »Anderswelt« endgültig durchtrennen.

Da jedoch das Eine immer das Andere nährt, können Verbindungen nicht getrennt werden. Alles ist mit Allem verbunden und wird es immer bleiben. Noch heute erkennen wir die Generationenfolge an den Grabkammern der Cairns und Dolmen. Mehr als vier bis fünf Generationen sind nur selten zu finden. Die Nachkommen hatten zumeist die Levitation verlernt und konnten die Grabsteine nicht mehr bewegen. Einige wanderten aus, blieben ohne Nachkommen oder überlieferten ihr Wissen an anderen Orten.

Dolmen mit 3 Grabstätten

In den mehr als 300 Jahren, in denen sich die Erde regenerierte, vermehrte sich diese verschwindend geringe Menschenzahl. Einige ihrer Nachkömmlinge erfanden das Christentum und legten durch die an früherer Stelle erwähnten Schenkungen den Grundstein für die Unterjochung der übrigen Menschheit.

Es wurde das Zinssystem (aus reich mach' reicher) erfunden, in dem sich die Macht auf zwei Gegenspieler aufteilt (Dualität): Wir finden sie also zum einen in der Staatssteuerung (Politik und Wirtschaft – Materie) und zum anderen im Glauben (Kirche).

Die sich bereits lange vor der Zeit der eigentlichen Inquisition unter den Andersdenkenden ausbreitende Panik und Angst vor Bestrafung und dem Scheiterhaufen sollte über Jahrhunderte hinweg andauern. Die Revolten gegen die unaufhaltsam zunehmende Macht der Kirche, ihren Reichtum und ihre Willkür wurden brutal und im Keim erstickt. Jesus hatte den Menschen ein Leben ohne Güter gepredigt. Doch was in jenen Jahren nach der Geburt des Christentums stattdessen eintrat, war einerseits immenser Reichtum und andererseits Verfolgung der »Ungläubigen«, bittere Armut und Elend; also eine ständig größer werdende Kluft zwischen Arm und Reich. Dieser Entwicklung war die Grundsteinlegung eines Planes vorausgegangen, der nicht Wenigen unter der Bezeichnung »Die Eine-Welt-Ordnung« bekannt ist. Vieles derselben ist falsch, Vieles jedoch ist richtig.

Entscheide SELBST.
Und setze dich einmal mit diesem Thema auseinander. Wenn du dabei jedoch auf eine Bewertung IN dir stößt, dann erkennst du wahr und falsch nicht mehr.
Dann solltest du (wieder) an DIR erfahren.

War es damals die Kirche, die Angst und Panik unter den Menschen verbreitete, so sind es heute die Printmedien, Radio und Fernsehen, die sich dazu berufen fühlen, die Menschen in Angst und Schrecken zu versetzen. All jenen, die noch immer die tagaus tagein verbreiteten Horrorszenarien für bare Münze nehmen, gebührt mein aufrichtiges Mitleid.

Bei der stetigen Erwärmung unseres Planeten handelt es sich deshalb auch nicht um eine künstlich geschaffene Erwärmung, wie uns glauben gemacht wird (Ozonloch), sondern um eine natürliche Aufheizung, die einsetzte, als die Sonne erneut begann, bis auf den Erdboden durchzustrahlen.

Die aufgewirbelten Staubpartikel in unserer Atmosphäre waren mehr als 200 Jahre hindurch so dicht, dass einige Inkarnationen niemals einen Sonnenstrahl erblicken. Der Beginn der zweiten Eiszeit liegt eben noch nicht so weit zurück.

Detaillierte Beschreibungen zu den Vorgängen bei der erfolgten Erde-Komet-Berührung sowie zum Neubeginn der Entwicklung der Menschheit liegen natürlich vor; doch bei ihnen verhält es sich genau so, wie bei der Erklärung alter Bauten (z.B. Pyramiden oder Menhire). Sie sind eine BewusstSeinsErweiterung, in die viele Menschen erst »hineinwachsen« sollten.

Daher lassen wir es vorläufig genug damit sein.
Dein Kronenchakra weiß alles darüber.

Öffne dich diesen Energien
und du wirst die Beweise dafür finden,
soweit sie nicht UM dich vorhanden sind.

Als Denkanstoß zum Abschluss folgende Frage:

Warum liegen alle Bauten, die älter als ca. 1300 Jahre sind, entweder unter dem Meeresspiegel, oder unter einer dicken Erdschicht, wie z. B. die St. Virgilskirche in Wien (U-Bahn Station Stephansplatz)?

Sieh dir diese Kirche an
und werde dir bewusst,
wie tief du dort gerade unter der Erde bist.

Und nun noch eine allerletzte Frage:

Wenn wir annehmen, dass in unseren Wäldern, die bis vor 100 Jahren völlig wild wuchsen, nur ein einziger Millimeter an Humus pro Jahr aufgeschichtet wurde, wie hoch müsste dann die Schicht unseres Waldbodens sein, um eine andere, als die gegebene Erklärung gelten zu lassen?

Ist es Zufall, dass der Boden der Weltmeere so gut wie keine wie immer gearteten Humusablagerungen aufweist? Die einzige Erklärung für das geringe Vorhandensein von Humus wäre, dass er durch die Erosion abgeschwemmt, und in den Weltmeeren gelagert wurde. Meinst du nicht auch, dass in den (angeblichen) MILLIONEN Jahren eine ganz beträchtliche Menge davon zusammengekommen wäre? Wenn die Erde tatsächlich so alt ist, wie dir gesagt wird, dann müsste der Boden der Weltmeere von einer kilometerhohen Humusschicht bedeckt sein.

Die geistige Welt kennt keinen Zufall!

Es gibt nicht umsonst:
unendlich viele Lügen, Märchen, Irrtümer und Fantasien.
Doch Wahrheit gibt es nur EINE.

Das All-Eins ist überAll
du musst nur »hinhören«.

Der Grundsatz des Lebens lautet:

Ein »gesunder« Geist - Das Kronenchakra - Geist

Die »wahre« Liebe – Das Herzchakra (die Mitte) - Seele

Die »erdige« Erdung - Das Wurzelchakra - Körper

Die »Lebens-Antenne« (die Wirbelsäule deines Körpers)

Jedem einzelnen Leser dieser Zeilen wünsche ich:

Finde den Frieden UM dich
finde den Frieden MIT dir,
finde den Frieden IN dir!

dann findest du den Frieden AUS Dir.
Das Paradies wartet auf DICH . . .
Entdecke den Sinn deines Lebens,
des »göttlichen Lebens«.

15 Matriarchat – Patriarchat

Der Zeitpunkt, zu dem das Patriarchat seinen Siegeszug über das Matriarchat antrat, liegt gar nicht so weit zurück. Er nahm seinen Ausgang im Jahre 1487, als der »Malleus Maleficarum«, im deutschen Sprachraum als »Hexenhammer« bekannt, herausgegeben wurde. Seine Verfasser waren zwei Dominikanermönche, Jakob Sprenger und Heinrich Kramer, der sich später latinisiert auch Institoris nannte. Ersterer war Dekan der theologischen Fakultät der Universität in Köln, während Institoris, der ebenfalls ein Jura Studium absolviert hatte, bereits vor Erscheinen des Malleus Maleficarum zum päpstlichen Inquisitor für die Gebiete zwischen Böhmen, Frankreich, Österreich, der deutschsprachigen Schweiz und dem Elsass ernannt worden war. In dieser Eigenschaft führte er viele Jahre hindurch eine Reihe von Prozessen gegen Menschen, die er der Ketzerei, Zauberei und den damit in Verbindung gebrachten Morden, Krankheiten und Unwetter bezichtigt und angeklagt hat.

Das damalige Oberhaupt der christlichen Kirche war Papst Innozenz VIII. Er approbierte die Schriften der beiden Mönche, indem er die »Summis desiderantes affectibus«, die so genannte Hexenbulle, verfasste. Mit dieser päpstlichen Urkunde, die auch von dem damals regierenden römisch-deutschen Kaiser Maximilian I. unterstützt wurde, wurden Sprenger und Kramer zu Generalinquisitoren für die Diözesen Mainz, Köln, Trier, Salzburg und Bremen ernannt.

Wer von den Beiden der eigentliche Verfasser des Malleus Maleficarum, einer dreiteiligen Schriftenserie war, die für die Oberschicht in 3 gebundenen Bänden ihren Niederschlag fand, konnte allerdings bis heute nicht eindeutig geklärt werden.

Im ersten Band, der sich rein juristischen Fragen widmet, wird die Inquisition zu einem rechtlich begründeten Verfahren erklärt. Als Mittel zur Wahrheitsfindung wird die Folter verordnet und jedes vom Hexenrichter angewendete Mittel legitimiert. Unter anderem wird darin festgelegt, dass zur Verurteilung und Hinrichtung einer Hexe kein Verfahren erforderlich ist.

Der zweite Band ist gewissermaßen eine komparative Analyse des geschlechtlichen Unterschieds zwischen Mann und Frau. Ihr Ergebnis fällt zu ungunsten der Frau aus, da man ihr aufgrund einer angeborenen Defizienz nicht nur Leichtsinnigkeit, sondern auch ein großes Maß an »Teufelanfälligkeit« nachweisen kann.

Im dritten Band wird diesem Schwachsinn die Krone aufgesetzt, indem genaue Anweisungen für die vorzunehmende Folterung und Hinrichtung gegeben werden.

Diese »Erkenntnis« führte also zum Untergang des Matriarchats. Sie ließ das Leben als Frau ca. 300 Jahre hindurch zum Albtraum werden.

Der Ursprung dieser Entwicklung lässt sich leicht erkennen:
Wenn der Menschheit ihr Ursprung entzogen wird,
ist es ein Leichtes, ihr einen künstlichen Ursprung vorzugaukeln.
Und genau dies ist es, was heute geschieht.

Das Christentum verbreitet das Matriarchat,
damit uns das Wissen um die Natur leichter
genommen werden kann.
Wir sind primär mit dem UM uns beschäftigt.
Wer von uns blickt denn wirklich noch IN sich selbst?
Es mag vielleicht ab und zu einmal vorkommen,
doch selten geschieht dies regelmäßig.
Und noch seltener für längere Zeit.

Der Hexenhammer wurde 29-mal neu aufgelegt und sorgte dadurch für eine sehr gründliche Verbreitung seines Inhalts: die Ausrottung von Frauen, die nicht willens sind, sich dem Mann zu unterwerfen.

Die beiden Verfasser und die Anhänger ihrer Ideen waren sich sehr wohl bewusst, was sie mit der Verbreitung dieses Werkes anrichteten. Doch das eigentliche Patriarchat erLebte erst nach dem Tod dieser Männer seinen Aufschwung.

Frauen ohne Familie oder Witwen fielen der Inquisition genau so schnell zum Opfer wie unverheiratete Frauen, die – ohne auf die Hilfe des Mannes angewiesen zu sein – selbstständig ihr Leben meisterten. Die Heilerinnen und Seherinnen nahmen unter den Opfern natürlich den ersten Platz ein; sie galten als die ärgsten Hexen, denn ihre Fähigkeiten im Umgang mit der Mutter Erde und ihre Erdverbundenheit konnten ja am ehesten mit dem Teufel in Verbindung gebracht werden.

Die Geburt der Erde ist die Frau. Nur durch sie wird wiederum ein Mensch geboren. Nur IN der Frau ist der Zyklus des Kosmos lebendig.

Die Trinität, die Dreiheit, ist ein Urinstinkt der Frau.
Sie ist in der Natur überall anzufinden.

Ihr erste Komponente wird die weiße Göttin genannt.
Sie ist die Jungfrau mit all ihrer Kraft.
Das Kind.

Der zweite Teil nennt sich die rote Göttin.
Durch die Regelblutung sie selbst zur Erschaffenden.
Zur Mutter.

Die schwarze Göttin ist die dritte Komponente der Trinität.
Sie ist die Weise,
die Liebende, Gütige,
die den Übergang in die schwarze Phase erkennt
und ihr Leben danach ausrichtet.
Sie erkennt das Geheimnis des Todes immer genauer.

Obwohl Heinrich Kramer vonseiten einiger Würdenträger der katholischen Kirche bereits zu seinen Lebzeiten als gefährlicher Fanatiker eingestuft, und seines Amtes enthoben wurde, nahm die Inquisition in mehreren Ländern Europas erst gegen Ende des 18. Jahrhunderts ein Ende.

Wir alle wurden innerhalb von lediglich 200 Jahren nach diesem dunklen Kapitel der Geschichte geboren.

Kannst du dir nun vorstellen,
wie fest diese Zeit noch IN deinem Bewusst-Sein verankert ist?

Auch dein Leben wird noch immer stark von dieser Schwingung beeinflusst.

Unsere österreichische Heimat zählt heute über 8 Millionen Einwohner.
Obwohl Europa zur Zeit der Inquisition wesentlich dünner besiedelt war als heute,
liegt die Zahl der damals hingerichteten Frauen höher als die heutige Einwohnerzahl Österreichs.

Glaube mir: Vieles aus jener Zeit ist noch immer in der Tiefe des menschlichen Bewusst-Seins vorhanden.

16 Die 3. Berührung

Die Erde erfuhr ihre zwei Berührungen.
Die Dualität durfte zwei Mal (dual) erfahren.
Einmal IN der festen Materie und einmal in der gasförmigen. Die Berührung der »dritten Art« kann daher keine Materielle sein. Sie betrifft die geistige Welt.
Wie in den materiellen Berührungen, möchte ich auch hier die Grundbausteine (der geistigen Welt) aufzeigen.

Aus Platzgründen ist es natürlich keinesfalls möglich, im vorliegenden Buch einen ausführlichen Lebensweg, angefangen von der ersten Materialisierung (des Wasserstoffes) bis hin zum heutigen Tag, unterzubringen. Ich muss mich daher darauf beschränken, alles in mehr oder weniger groben Umrissen zu skizzieren.
Was du in diesem Buch findest, sind also gewissermaßen die Grundbausteine, auf die ein Haus errichtet werden kann. Das Haus des Bewusst-Seins wird darauf gebaut.
Das Haus vom »Sinn des Lebens«,
»Das Haus des LEBENS«.

Jedes Wesen, welches du mit deinem Bewusst-Sein wahrnimmst, trägt nur Eines IN sich.
Nichts anderes, als diesen Kern, um den sich alles dreht.

Der
ANFANG vom WEG.
Von DEINEM WEG!

Wer denkst du, BIST du?

Du kannst nicht nur Materie sein, denn deine gesamten Zellen er-

neuern sich spätestens alle 7 Jahre. Wo solltest du SEIN, wenn du nicht in einer einzigen deiner Zellen bist?
Spätestens nach 7 Jahren müsstest du wieder vergangen sein, zumindest DAS von dir, was dich ausmacht. Dein Charakter, dein Wissen, deine Fähigkeiten, ...
Wenn du denkst, du steuerst deinen Körper aus dem Gehirn, wie sieht es dann nach diesen 7 Jahren damit aus?
Wo würden die Informationen gespeichert, wenn jede Zelle, jede INFORMATIONSZELLE nach 7 Jahren abstirbt? Werden die in den Zellen gespeicherten Informationen weitergegeben bzw. werden sie überhaupt weitergeben?
Was beLebt deinen Körper?

Wenn du tiefer in die »Geschichte« deines SEINS eintauchst, dann wirst du nicht lange an Dinge glauben.
Du wirst ziemlich schnell diese Dinge erLeben.
Erst durch den Glauben erlangst du das Wissen.
Das Wissen UM dein SEIN.

Das Wissen IN dir,
es ist ALLMÄCHTIG

Die Gedanken werden durch dein Scheitelchakra (Kronenchakra) ins All-Eins transformiert. Dein Gehirn ist der Transformator dazu. Natürlich, denn dadurch kannst du Teile dieser Erfahrungsschwingungen in deinem Gehirn in Form der Gehirnströme messen. Sie sind jedoch immer nur die sogenannten primären Wicklungen der Trafos (Transformator), die in die geistige Welt übersetzen.
Ein Trafo ist ein Übersetzer, er funktioniert genau nach den gleichen Gesetzmäßigkeiten wie diese Transformierung. Die Funktionsweise eines Trafos ist wohl bekannt; du kannst dich also leicht darüber informieren. Alle Elektriker kennen die Wirkungsweise der Transformatoren. Elektromagnetische Übersetzung, nichts anderes. Es gibt dabei keine Verbindung der beiden Energieträger. Es gibt zwei voneinander völlig getrennte Spulen (Primär- und Sekundärspule); nur das Metall, der sogenannte Eisenkern, überträgt die Energie – ein Magnetfeld. Die Heilenergie aus den Händen ist die gleiche Energie. Dabei kannst du die Heilenergien (eben diese

magnetischen Felder) aus den Handchakren wahrnehmen. Diese Energien erzeugen sofort einen Kreislauf, wobei – je nach Polarität – die verschiedenen Frequenzmuster (als Farben erkennbar) zu kreisen beginnen. Die Spiralform entsteht durch diese Kreisläufe. Jeder fließende Strom benötigt einen Kreislauf, um überhaupt zu fließen. Es gibt keinen Energieausgleich ohne Kreislauf. Jede Energie, die überhaupt entstehen soll, muss – durch diesen Kreislauf bedingt – aus einer anderen Energie erzeugt werden. Das gesamte materielle SEIN ist also überhaupt erst durch den Kreislauf möglich. Jede Energie, jedes Leben innerhalb der Materie, also auch jedes Wesen, benötigt für seine Existenz einen Energieausgleich. Du kannst z. B. die Kalorien zur Erzeugung deiner Körperwärme verwenden, die du dir SELBST zuführst.
Dir geschieht immer IN deinem TUN.
Dies heißt jedoch nicht, dass du dir diese Energie in Form von Nahrung (Materie) zuführen musst.
Jede Form ist möglich!
Die Art der Energieumwandlung bestimmst du (wer sonst?).

Jede Materie durchwandert die Stufen der Aggregatzustände plasmatisch - gasförmig - flüssig - fest IN die Materie hinein und, umgekehrt, auch wieder heraus.
Jede Materie ist durch die Gravitationswirkung und die Ätherströmung bestrebt, die Spiralform einzunehmen.
Die Wasserstoffnebel vor der Aufschmelzung sind die heute sichtbaren kosmischen Nebelfelder im All.
Sieh sie dir einmal durch ein Fernrohr an.
Die Spiralform der Wirbelstürme, der Wasserstrudel und der DNS.
Die Oktaven kopieren sich überall.
Wie im Großen,
so im Kleinen.

Also, wo ist nun deine gedankliche Welt?
In der Materie?

Du bist nicht Materie.
Doch warum eigentlich nicht?

Weißt du, wer du wirklich bist?
Gehörst du zu jenen Menschen, die bis heute noch nicht erfahren durften, wer sie sind?
Viele Menschen durften noch keinen einzigen Augenblick ihres Lebens IN ihrem Sein SEIN.
Das absolute NICHTS,
das, was dich zur Einsicht bringt.
Das, was immer war und immer SEIN wird.
Du Selbst bist ES.
Du bist ein Teil davon,
ein Teil des All-Eins.

DAS, wovon Buddha sprach, als er sagte

»Ich bin Gott.
Du auch.
Aber du weißt es noch nicht.«

Du warst noch nie getrennt davon.
Niemals warst du etwas anderes, als das All-Eins.
So, wie jedes deiner Organe, jede Zelle deines Körpers immer wieder du SELBST bist. Der Mensch kennt die Erbinformation, zumindest den kleinsten materiellen Teil davon. Du siehst also sogar an deinem eigenen Körper, dass sich ALLES wiederholt.
Wie im Großen, so im Kleinen.

Das Bewusst-Sein deiner Organe ist für dich am leichtesten zugänglich. Schon allein deshalb, weil du deine Organe besser spüren kannst als eine einzelne Zelle. Das ist kein Wunder, denn im Gegensatz zu den ca. 60 Milliarden Zellen, sind die Organe maximal zu zweit (z. B. Nieren).
Auch dort, in JEDEM deiner Organe wirst du ein TeilBewusstSein von dir SELBST erkennen.
Du kannst IN dir mit jedem deiner Organe Kontakt aufnehmen. Sie sprechen zu dir, wie der Mensch mit dem Du dich unterhältst. Deine Organe wirken auf dich etwas kindlich, denn sie agieren ohne dieses große »Wenn und Aber«, das du dir durch dein größtes TeilBewusstSein (deinem Gehirn) SELBST »erschaffen« hast.

Dein Bewusst-Sein kannst du überall hinbewegen.
Dabei bewegst du es nicht wirklich, sondern du gehst nur der Form der Pyramide nach, immer weiter in Richtung Spitze. Dein Bewusst-Sein öffnet sich und du erkennst eine immer größere Anzahl dieser Pyramidensteine.
Das Bewusst-Sein nimmt hier ebenfalls mit der Grundfläche der Pyramide seinen Anfang.
Du kletterst auf deinem Lebensweg die Pyramide hinauf und durftest bisher schon alles, was du unterhalb deiner Position siehst, erfahren.
Das sehende Auge an der Spitze, das All-Eins, ist dein GesamtBewusst-Sein.
Du bist nichts anderes, als eine Seite dieser Pyramide.
Aber was ist die Pyramide SELBST?
Nichts anderes als Steine.
Genauso wie das Meer SELBST nur aus den Tropfen entstehen kann, die sich »sammeln«.

Sammle dein Bewusst-Sein.

Du bist Schöpfer deiner SELBST.
Du SELBST erschaffst dir dein gesamtes »Wenn und Aber«.
Du erschaffst es IN dir SELBST.
Du SELBST schöpfst diese Dualität.
Wenn du diesen Kreislauf des Lebens erfahren hast, dann wird dir so manches klar.
Du wirst erkennen, wo du SELBST in deinem Leben stehst. Du wirst erkennen, dass du alles in Liebe und Dank annehmen kannst, wenn du daraus die Dualität, den »Kreislauf der Sache« erkannt hast.
Du beurteilst immer weniger, du lässt immer mehr im SEIN geschehen.
Du wirst vom Akteur zum Zuschauer.
Irgendwann drehst du dich um und blickst auf den Filmprojektor, der dir die ganze Zeit den Film auf der anderen Seite (der Leinwand) gezeigt hat.
Du erkennst die Wahrheit (die Erzeugung des Films).

Dein Leben

Du kommst deshalb immer mehr IN das SEIN, denn wohin sonst solltest du die Schöpfung leiten?
Wohin gehend beeinflussen?
Weshalb denn überhaupt?

Nur, weil du meinst, dies oder jenes beeinflussen zu müssen?
Wenn du dir bewusst wirst, wie wenig du beeinflussen kannst, dann wirst du vieles an dir »vorbeiziehen« lassen und wiederum dadurch wirst du dich DEINEN Dingen in
DEINEM Leben widmen können.
Dem, was dich beLebt,
dem, was dich BEWEGT!

Ob du nun eine gewisse gesellschaftliche Position einnehmen willst (dies ist eigentlich ein Anerkennungsproblem – sich SELBST annehmen),
oder dir ein materielles »Geschenk« machen möchtest,
(wobei diese Geschenke bis zu einem Partner als »Geschenk« reichen können – z. B. Prostitution) –
ist völlig belanglos.

Fast alles, was du nicht aus dem »Vorbeiziehen lassen« erfahren hast, möchtest du dir SELBST als Wunsch erfüllen. Die meisten »Geschenke« sind dabei materieller Natur.

Das obige, in Klammer gesetzte, Anerkennungsproblem soll besagen, dass der sich damit identifizierende Mensch, sich selbst so akzeptieren soll, wie er/sie ist.
Nimm dich an, dann brauchst du dir selbst nichts mehr beweisen.

Du BIST

was möchtest du daran ändern?
Wovor läufst du davon?
Vor dir SELBST?

Du findest dich weder IN einem neuen Auto,
noch IN einer neuen Wohnung.
Weder IN einem Garten,
noch IM Fleiß.
Weder IN Faulheit,
noch IM Kummer.

Du findest dich IN DIR.

Im SEIN

Genau so hat auch der Gegenstand der zweiten Klammer im vorstehenden Text, i. e. die Prostitution, ihre Berechtigung in der Dualität.
Auch zur partnerschaftlichen Liebe, dem All-Eins in der Partnerschaft - muss es einen Gegensatz geben.
Menschen, die keinen Partner finden, der sie liebt, können auf diese Art ihren »Urinstinkt« erleben.
Der Grund, weshalb sie keinen Partner finden, kann von derselben Basis abgeleitet werden wie das Anerkennungsproblem, die gesellschaftliche »Stellung«.
Es handelt sich hierbei wiederum um nichts anderes als ein

DAVONLAUFEN vor sich SELBST

Wenn du dich SELBST annimmst,
dann liebst du dich so, wie du bist.
Du kannst in den Spiegel sehen,
tief in deine Augen blicken
und dich annehmen.

Dein Partner dich dann ebenso ...

Fast dein gesamtes Leben besteht aus dem Spiegel deiner SELBST.
Je mehr du dich der feinstofflichen Welt öffnest,
desto größer dürfen deine Lebens-Einsichten
durch diese Erlebnisse werden.
Du darfst das Paradies auf Erden erfahren,

denn es ist immerdar,
wenn auch nur in den Augenblicken der Meditation,
denn auch die materielle Seite will erfahren werden.
Für diesen »Vergleich« bist du ja da.
Der Kern vom »Sinn des Lebens« ist das Erfahren aus dem All-Eins,
der Dualität in der (sogenannten) geistigen Welt
und in der Materie.

Gehörst du zu den Menschen, die sich eines »Jenseits« der Materie bewusst sind?

Bewusst, weil du daran glaubst und dir dadurch dieses »Tor« in deinem Leben offen lässt?
Oder bist du dir dessen bewusst, weil du die »Anderswelt« schon IN dir SELBST ERFAHREN durftest?
Wenn du nicht zu den Letzteren gehörst, so liegt es bei dir, wann du erfahren magst, dass das an sich SELBST ERFAHREN immer mit DIR SELBST zu tun hat,
und niemals mit jemand anderem!
Jeder Mensch hat Zeit für eine gewisse Zeit der »Ein-Sicht«.
»Letzteres« hat ebenfalls seinen Sinn, denn genau aus dieser Ein-Sicht darfst du die Demut erfahren.
Sie ist das größte Geschenk, das dir das materielle Paradies macht.

Die tiefste Ein-Sicht,

ALLES in LIEBE anzunehmen.

Alle Menschen, die einen Teil des »Weges IN Sich« gegangen sind,
gingen nichts anderes als einen Teil der Demut.
Nur durch sie allein öffnen sich alle Tore.

Demut und Ein-Sicht sind ein Erfahren aus der Materie.
Die Gnade ist die geistige Erfahrung.
Die Gnade ist das, was zumeist als Wunder bezeichnet wird.

Dein Fahrzeug (also dein Körper) ist bis heute deine einzige Ein-sicht, aus der du erfahren durftest.

Nur durch deinen Körper kannst du überhaupt die Materie wahrnehmen.
Einzig und ALLEIN aus deinen Sinnen.
Diese übermitteln (transformieren) einzelne Schwingungsmuster der Materie ins All-Eins.
So, wie alles aus Schwingung besteht, so bist auch du nichts anderes als eine (tiefe Frequenz) Erfahrung aus dem All-Eins.
Mit anderen Worten ausgedrückt bis du genauso ein Teil des All-Eins, wie alles IN und UM dich auch.
Alles, was du wahrnehmen kannst, ist Teil des All-Eins.
Deshalb ist es nur eine Illusion, wirklich zu glauben, es gäbe Gut und Schlecht, die Dualität.
Es ist ein Erfahren aus den verschiedenen Schwingungen.
Dein Fahrzeug (dein Körper) ist von kurzer Lebensdauer. Du wechselst durch deinen Erfahrungsweg IN der Materie einfach nur dein Vehikel, nichts anderes.
Dein Weg ging schon durch viele Bewusst-Werdungen, durch viele »Fahrzeuge«.
Höchstwahrscheinlich schon als Pflanze, Baum oder als Tier.
Die mit dem Tod am engsten verbundenen Wesen sind die Pilze. Sie sind der Zersetzungsprozess des Lebens und zugleich die größten Lebewesen der Erde. Ihr Zersetzungsnetz, ihr fadenartiger, wachsender Körper, das Myzel, umspannte einst große, sich über Hunderte Kilometer erstreckende Gebiete. Der heutige Straßenbau hat diese Verbindungen zum größten Teil durchtrennt. Die heute vorhandenen Flächen sind jedoch in vielen Wäldern noch immer ein immens starkes BewusstSeinsfeld.
Bisher durfte ich noch keine menschliche Inkarnation kennen lernen, die nicht schon einmal ein Tier war.
Doch, wer weiß? Vielleicht werde ich eines Tages doch noch eines »anderen« belehrt.
Tiere, die sich viel in der Nähe des Menschen aufhalten, insbesondere Haustiere, stehen auf der letzten Stufe ihrer Inkarnationsreihe vor dem Menschen. Durch ihren Kontakt mit den Menschen lernen sie ihre künftige Aufgabe, die Steuerung des menschlichen Körpers kennen. Das Gleiche trifft auch bei den Pflanzen zu. Auch sie werden durch ihre Nähe zu Tier und Mensch bewusst in diese Erfahrung geführt.

Nur Menschen versetzen lebende Pflanzen (Bäume, Blumen, Sträucher, Gemüse) von deren Standort im Erdboden in eine andere Umgebung.
Eine Pflanze passt sich den sie umgebenden Schwingungen an.
Du kannst diese Schwingungsfelder oft am sonderbaren Pflanzenwuchs (z. B. Baumkrebs) erkennen. Wasseradern, Erdstrahlungen und viele andere Schwingungsfelder besitzen ihre Auswirkungen.
Das Wesen dieser »Fahrzeuge« SELBST wird durch die Erfahrung bestimmt, sowohl beim Baum als auch beim Menschen.
Erst die energetische Form formt die Äste des Baumes.
Die Wesen (Seelen) erfahren nur aus anderen Schwingungsebenen, und aus nichts anderem.
Die Schwingung wird immer höher.
Im Gegensatz zu den Pflanzen, die an ihrem Standort verbleiben, um aus dessen Schwingungsfeldern zu erfahren, haben jene Wesen, die sich fortbewegen können, die Möglichkeit, aus anderen Schwingungen zu erfahren.
Das Wesen streckt sein energetisches Feld genau dorthin aus, wo im Wald die Sonne einstrahlt. Nur durch diese energetische »Hülle« kann der Ast des Baumes erst wachsen.

Glaube nicht, dass dein Erfahrungsweg
mit deinem Tod beendet ist.

Stell' dir einmal aus deinem Innersten die Frage:

Wer bin ich?

Lege ruhig das Buch zur Seite und gehe dazu ganz tief IN dich.

Welchen Sinn hätte dein Leben, wenn ES nach dem Tod »zu Ende« wäre?
Alles, was du in deinem Leben um dich herum wahrnimmst, folgt dem Gesetz der Wiedergeburt.
Alles verläuft wie der Rhythmus eines Pendels.
Sieh dir wirklich einmal das Pendel einer Uhr (natürlich das einer Pendeluhr) an und lasse IN dir die verschiedenen Dinge des Lebens vorbeiziehen.

Seien es nun die Tage und Nächte,
die Jahreszeiten oder was auch immer.
Du kannst an diesen Pendel-Erfahrungen die Dualitäten all JENER Dinge erkennen, aus denen du (dein Bewusst-Sein) bisher schon erfahren durftest. Die Jahreszeiten, sowie Tag und Nacht kennt jeder als Dualität. Viele andere Dinge des Lebens sind jedoch nicht als solche bekannt. Die Dinge, aus denen du erfahren durftest, bewertest du nicht mehr.

Wie viele Menschen laufen vor sich SELBST davon?

Aus diesem »vor sich selbst Davonlaufen« (lass' es mich einmal so nennen, obgleich es dafür auch zahlreiche andere Ausdrücke gibt) entstehen ALLE Ängste.
Stelle dir im Geiste folgende Situation vor :
Du wirst für eine Woche »ausgesetzt« und packst alles, was du dafür benötigst, in einen Rucksack.
Was würdest du einpacken und womit würdest du dich in diesen 7 Tagen beschäftigen?
Du nimmst dir jedoch nichts zum Lesen mit und auch kein Radio.
Du hast keinerlei »Verbindung« zur Außenwelt.
Die »Verbindung« zu deiner Innenwelt wird in dieser Zeit ungewöhnlich stark wachsen.
Warum versuchst du es nicht einmal?
Wovor hast du bei dieser Vorstellung Angst?
Kannst du alle Dinge, die du mitnehmen willst, tragen?
In welche Gegend möchtest du in diesem Fall?
Wo kommst du eine Woche lang mit keiner Menschenseele in Berührung?
Fragen über Fragen?

Es geht viel einfacher:

Versuch' es . . .

Alle Antworten warten darauf.
Sie warten darauf,
GESUCHT zu werden.

Alles, was du nicht kennst, kannst du erfahren.
Der WILLE dazu liegt IN DIR.

Wenn du dir der Tatsache bewusst wirst, dass du immer ein Teil des All-Eins warst und es immer SEIN wirst und deshalb auch JETZT Teil des All-Eins BIST, dann kann dir doch niemals etwas geschehen, das so wäre, dass sich daraus nichts erfahren ließe.
Ob es sich nun um das Wetter, glückliche Momente oder eine Krankheit handelt...

Wie war das noch mal?

. . . Du SELBST . . .

Auf jeden Sommer folgt ein Winter, auf jeden Tag die Nacht. Jede Dürre wird durch Wasserüberschuss ausgeglichen. Auf jeden Tod erfolgt ein Leben. Die Dualität erfordert dies, sonst gäbe es sie nicht.
So, wie das Leben (z. B. die Pilze) aus dem Tode leben, so lebt der Tod aus dem Leben. Ohne Tod gäbe es keinen Humus für das Leben, ohne Leben keinen Humus, ohne Henne kein Ei und umgekehrt.

Blickst du noch immer auf die Pendeluhr?

Ach ja, da es gerade einige »Erklärungen« gibt, die dir vielleicht etwas »fremd« sind, möchte ich dir hier auch eine »bodenständigere« Erklärung liefern und zwar zum Thema: was war zuerst da, die Henne oder das Ei?

Keine von beiden.
Die Erbsubstanz im Urmeer, die DNS, war es.
SIE war als Erste da.
Die Seelenfamilie, die ihre BeLebung als Rasse materialisierte. Wie das geht?
Es ist so einfach wie die Entstehung,
eine einfache Geschichte,
SIE war bei jeder Rasse als Erste da,

denn erst das Aufnehmende kann das Abgebende formen.
ES wird geformt, um wiederum zu sich SELBST zu finden.
Das All-Eins beginnt wieder aufzunehmen.
Die tiefste Schwingung in der Materie hebt wieder an.
Das Aufnehmende kehrt immer zu sich SELBST zurück.
Deshalb agieren Frauen mehr aus dem Gefühl als Männer (Ausnahmen bestätigen die Regel).
Zumindest die bewussten Frauen.
Jene, welche sich ihrer »aufnehmenden Energie« bewusst sind.
Durch die Geburt aus dem All-Eins,
kann überhaupt erst alles wieder IN sich zurückkehren.
Jede Schwingung schwingt IN sich selbst.

Wie oben, so unten,
wie innen, so außen.

Genauso, wie durch die Anziehung im Kosmos die Zerstrahlung des innersten Planeten (der künftigen Sonne) beginnt und (damit) explodiert.
Es ist wie ein Atmen. Zuerst die Anziehung (Implosion) und danach die Explosion.
Du kannst heute noch die »Naht« am männlichen Geschlechtsteil erkennen.
Alles wird von innen nach außen geboren.
Sogar deine eigene »Welt«.
Die Chromosomenwandlung, die den kleinen Unterschied ausmacht, geschah noch im Urmeer.
Die geistige Welt schuf auch hier mehr oder weniger den Unterschied, je nach Erfahrungssinn der Rasse.

DAS LEBEN

Jede Vielfalt entsteht durch ihren einfachen Ursprung.
Die Darwin'sche Evolutionstheorie basiert auf dieser Theorie.
Und doch stimmt diese Theorie, jedoch nicht, wie ich an früherer Stelle ausführte, in der wissenschaftlich erklärten Form. Die Evolution basiert auf der Lebenspyramide.

Die Lebenspyramide ist im Grunde richtig.
Auf sie baut jegliches Leben auf.

Wenn ich in diesem Buch vieles nur anschneide, bzw. mich auf eine ansatzweise Behandlung gewisser Themen beschränke, so geschieht dies deshalb, weil ich diese bruchstückartigen Informationen für Menschen zu Papier bringe, die damit etwas anfangen können. Es sind »wissende« und/oder »bewusste« Menschen, denen diese Kurzinformationen hilfreich sein können. Möglicherweise kann es deshalb vorkommen, dass dir einige meiner Ausführungen unverständlich bleiben. Jeder Leser nimmt den Inhalt dieses Buches mit seinem Bewusst-Sein auf. Dort wo dein Bewusst-Sein in diesem Augenblick, da du diese Stelle gerade liest, angelangt ist, dort erkennst du dich (mehr oder weniger unbewusst) und findest vielleicht zu deinen heutigen Puzzlesteinen ein passendes Pendant und kannst dadurch deinen Weg um einen Schritt verlängern.

Gehen müssen wir ALLE.
Das All-Eins wandert IN sich zurück.

Doch ab dem Zeitpunkt, zu dem du dieses Buch ausgelesen hast, gibt es keine Ausrede mehr für DICH.
Denn ab dann kannst du nie mehr behaupten:

»Davon habe ich ja nichts gewusst!«

Du SELBST weißt nun über DEIN LEBEN Bescheid.
Zumindest nach diesem Kapitel, dem eigentlichen »Kern« des Buches.
Dem »Kern der Durchsage«.

Du kannst dich also nun entschließen, ob du weiter lesen willst, oder ob du dir lieber folgende AUSREDE aufheben möchtest:
... für ALLE Fälle ...
... vielleicht???

Wenn du nun in dir Ängste verspürst,

wenn du dir bewusst werden musst,
dass du die Verantwortung für dich GANZ ALLEIN trägst,
dann brauchst du nicht mehr weiter zu lesen,
denn dies ist der Pyramidensockel DEINES Lebens.
Das, worauf DEIN LEBEN aufbaut.

Wenn du dir des All-Eins bewusst wirst,
dann sind dir all deine Ängste vergeben.
Dann verstehst du den Kern dieses Buches nicht,
dann SPÜRST du ihn.

Den Kern der Erde (den eiskalten Wasserstoff) genauso,
wie den Kern der Sonne (ziemlich warm).

Die Materie zuerst
und dann die geistige Welt.

Du kennst nun den Anfang all des SEINS.
Du konntest davon lesen und kannst dein Leben annehmen so wie es ist, um so zu leben wie bisher.
Oder du lebst bewusster.
LEBENS-bewusster.

Verstehe die Wahrheit,
nur sie ALLEIN wird übrig bleiben.

Sie allein ließ die gesamte Existenz entstehen.
Das All-Eins schöpfte aus der Zeit die Dualität.
Das Bestehen der gesamten Materie dient nur zu diesem EINEN Zweck:

UM DER WAHRHEIT WILLEN

Vielleicht kennst du meinen Lebenslauf und weißt, dass ich diese Art der Erfahrung machen durfte. Zu dieser Art der Erfahrung gelangte ich durch meine, mich seit meiner Kindheit quälenden Asthma Anfälle. Als der Plan in mir reifte, dieses Buch zu schreiben trat eine Gesundung ein, die durch mein Hals- und Herzchakra beLebt wurde, sich also materialisierte.

Ab diesem Zeitpunkt habe ich viel AUS meinem Leben angenommen. Da ich auch weiterhin einen »angenehmen« Teil meines Lebens der Meditation widmen möchte, und meinen »Erfahrungsweg« nicht jedem daran Interessierten einzeln vermitteln möchte, findest du viele meiner Gedanken und Erfahrungen in diesem Buch zu Papier gebracht. ES ist sozusagen das Ausatmen dessen, was ich IN mich ließ – das Einatmen.

Bei besagter Krankheit nimmst du viel auf, lernst viel und gibst wenig ab (du lehrst wenig).
Du kannst gut einatmen,
dein Ausatmen (das Lehren) wird behindert.

Die Waage des Lehrens und Lernens ist mein Weg.
Diesen zu gehen ist mein nächster »Puzzlestein«.
Ich gehe diesen Weg, denn ich kenne die Puzzlesteine des Lebens.
Du kennst sie auch, du weißt es jedoch noch nicht. Ich bin Gott.
Du auch, du weißt es jedoch noch nicht.

Da der Geist die Materie formt,
musste ich also zuerst etwas in der geistigen Welt geschehen lassen, um auf der Materiellen zu gesunden ...

... die Ein-Sicht,
dieses Buch zu schreiben.

Und um vielleicht mit dir darüber zu sprechen,
was (noch) nicht IN diesem Buch steht.
Alles andere, was bereits darin enthalten ist,
wirst du nun ja bald kennen.

Sollte dir daran gelegen sein, weitere Erklärungen zu erhalten, so stehe ich dafür gerne zur Verfügung. Du kannst mich jederzeit unter den auf der letzten Seite angeführten Kontaktadressen erreichen.

Wenn sich dein Leben nach dem Lesen dieses Buches nicht verändert, dann ist sein Inhalt entweder an dir »vorbei« gegangen oder du kennst den Sinn des Lebens bereits, den Sinn deines Lebens.
Eine andere »Ausrede« gibt es nicht.
Am allerwenigsten jene, die du mit der Aussage »ich habe keine Zeit« begründest.
Sie ist die unbewussteste ALLER Ausreden.
»Das kann ich nicht« kommt bald danach.
Du kannst alles, was du annimmst.
Nehme dich SELBST an und du kannst alles verwirklichen, was dich glücklich macht.
Die Meditation ist etwas Wundervolles.
Sie bringt dich zu dir selbst.
Alle Ängste geben doch nur vor,
dich vor dir SELBST zu schützen.
Nach einigen Stunden oder Tagen der Übung wirst du dir deiner SELBST immer bewusster. Zusehends vergehen immer mehr Ängste und immer mehr Freuden treten zutage.
Und sage nicht voreilig von dir, du seiest angstfrei.
Die Meditation ist, wie ALLES andere auch, reine Übungssache.
Wie Radfahren, Klettern oder was auch immer ...

Die Meditation ist auch nicht JEDERMANNS Weg.
Vielleicht sollst gerade DU aus etwas anderem erfahren. Wer weiß?

Wenn sich dein Leben »umformt«,
dann »bremse« es nicht.
Wenn du dich dieser Umformung schon bei den ersten Anzeichen verschließt, dann kannst du daran erkennen, wie viel du dich von DEINEM Weg entfernt hast.
Lass' dich

FORMEN zum GLÜCKLICH SEIN

Sei es DIR wert!

Wenn du dieser Grundschwingung zu widerstehen versuchst, so wird dir der Tod wahrscheinlich ein neues Leben bescheren. Die

Erfahrung aus der Dualität, aus deinem EGO. Das, was du aus dem SEIN machst. Das, was du dir aus der Materie formst.

GLÜCK und LEID ...

ALLES gehört zusammen.

Wie lange du dich vor deinem Bewusstwerdungsweg verschließt, bleibt ganz allein dir überlassen, aber eines ist gewiss:
Entkommen kannst du diesem Weg nicht, denn es ist das Urgesetz ALLEN Lebens, nicht nur in der Dualität.
Alles SEIN dient dem All-Eins,
so auch DU.
Wenn du dir dessen bewusst wirst,
dann erkennst du, wie leicht dein Leben wird.
Wie leicht du dich von materiellen Dingen lösen kannst.

Du gehst, wie du gekommen bist, mit NICHTS.

Wenn du dich am Schluss von jedem Wesen, jedem Menschen in Demut und Liebe lösen kannst,
so wird der Weg deiner Bewusstwerdung zum Paradies...
Auch wenn dir dieser Weg anfangs noch etwas schwer fällt, so halte dir vor Augen, dass aller Anfang schwer ist. Das gilt für alles, was du erlernen willst, sei es nun das Radfahren, Schwimmen oder sonstige Fertigkeiten.
Jeder Lernprozess erfordert ein entsprechendes Quantum an Ausdauer und die nötige Bereitschaft, nicht zu bewerten.

Wenn nicht sofort, so vielleicht später. Irgendwann wird der Augenblick kommen, in dem du bereit bist, dir dafür Zeit zu nehmen. Zeit für DICH.
Du kannst dir aussuchen, ob du dir dafür Zeit nehmen kannst oder dafür Zeit nehmen musst.
Viele Menschen, die schwere Krankheiten durchleben, werden nur für diese Erfahrung in die entsprechende Krankheit geschickt.
Ob du dir beim Gehen schwer tust, weil du zu wenig Schritte in deinem Leben gegangen bist, oder ob du Probleme mit dei-

nem Herzen hast, weil du bisher in deinem Leben zu wenig aus deinem Herzen gehandelt hast, oder ob deine Entgiftung nicht richtig funktioniert, weil deine Handlungsweise entgiftet gehört, ist nicht relevant.
Alles ist ein Spiegel deiner eigenen dualen Lebensweise, deiner SELBST!

Es gibt keine einzige Krankheit, an der du nicht selbst schuld bist. Nichts ist Zufall. Ob es sich nun um einen Unfall, glückliche Augenblicke, oder um den Zeitpunkt deiner Geburt handelt, nichts ist Zufall. Dein Geburtshoroskop sagt dir viel über dein Leben. Ob du diesen »Bestimmungsweg« erkennen möchtest, oder der Meinung bist, dass nichts davon stimmt und das Horoskop nicht auf dich passt, liegt ebenfalls bei dir. Alles ist ein Schritt auf deinem Weg zur Bewusstwerdung. Viele Menschen erkennen die »Sinnlosigkeit« ihres Lebens erst kurz vor ihrem Tod. Es sind dies die vielen »toten« lebenden Menschen.

Während einer schweren Krankheit fehlt jedoch manchmal die Zeit für diesen Weg. Dieser Weg bedarf seiner Zeit, des richtigen Zeitpunktes und der richtigen Dauer.

Diesen Weg kannst du nicht in fünf Minuten pro Tag gehen. Du kannst ihn nicht in deinen Terminplaner eintragen und dir so »nebenbei« bewusst werden. Dein bisheriger Alltag muss sich verändern, denn andernfalls findest du nirgends und nie Zeit für diesen Weg.
Natürlich erstreckt sich dein Tagesablauf auch nun über 24 Stunden.
Du kannst deshalb auch nur durch Geben nehmen. Wenn du nimmst, so wird dir genommen. GEBE dir die Zeit für dein Leben. Dann NIMMST du das GLÜCK an.

GLÜCK hat am wenigsten mit ZUFALL zu tun!
Der Schlüssel zum Glück ist einfach,
und wundervoll!
Warum suchen es so viele Menschen auf anderen Pfaden?

Nach diesen Zeilen immer noch?

Wie dem auch sei, es ist DEINS!

Wenn dieses Buch dich dazu bewegen konnte, den ersten Schritt deines neuen Lebensweges zu machen, dann danke ich DIR.

Ich DANKE dir für DEIN Verständnis!

Schenke dir die Liebe, Harmonie und den Seelenfrieden für dich SELBST.
Schenke dir das Paradies, es ist immerdar.

Erst, wenn du zu der Einsicht kommen darfst,
dass DU DIR das Paradies niemals nehmen kannst,
sondern es sich DIR gibt,
dann BIST DU.
DU BIST
Eins mit alledem!

Die Natur löst alles auf die einfachste Weise,
deshalb verschwindet alles, was nicht der Bewusstwerdung dient, aus der Materie.
Jedes Wesen wird zur Bewusstwerdung des All-Eins benötigt.
Alles andere wird »wegrationalisiert«, es verkümmert.
Beweise für das Einfachste in der Natur findest du in diesem Buch genug. Beweise für deine Lebenszyklen ebenfalls. Wie bereits gesagt, vor den Beweisen kommt jedoch immer der »offene Geist«, das Glauben daran, dass alles möglich ist und somit erst alles ermöglicht zu SEIN.

Der Geist formt die Materie!

Erkenne die Zeit,
sie ganz allein formt die Materie.

So seltsam es auch klingen mag, die Allmöglichkeit wirst du genau dann erfahren, wenn dein Geist aus seinem INNERSTEN JA dazu sagt, Ja zum

ALL-EINS.
Alles kommt aus EINEM,
deshalb kann auch
Eines immer alles.
Das ALL-EINS - DU

Du bist in immer tiefere Schwingungen geraten, bis du dort angelangt bist, wo du vor einigen Jahren warst – als Seele.

Du selbst hast dich dazu entschlossen, die Dualität erfahren zu wollen.
Du selbst hast dir deine Eltern ausgesucht.
Auf meinem Weg durfte ich erfahren, dass die Seele oftmals bereits vor der Befruchtung in den Mutterleib eingezogen war. Die Aura des ungeborenen Kindes (die Seele – DU) ist meistens schon vorher existent.
Bei meinen Fragen rund um das Schicksal wurden mir diese werdenden Mütter zugeführt.

Obwohl ich so gut wie nie einschlägige Bücher lese, kann ich dir Plätze in der Natur und alte Schriften, die mir manchmal »zugetragen« werden, genau beschreiben.
Die diesbezüglichen Beweise sind in Hülle und Fülle vorhanden; sie sind jedoch für mich nicht interessant.

Der Geist kennt jeden »Winkel« der Materie.
Die Beweise sind allesamt IN dir.
Deshalb suche ich nicht (mehr) UM mich danach.
Deshalb meditiere ich.

Wenn du bei der Suche nach Beweisen »hängenbleibst«, dann entziehst du dich dabei wieder dem eigentlichen »Kern« DEINES Lebens.
Dem Zurück ins All-Eins.
Die gesamte Existenz kehrt wieder IN sich zurück.

So, wie alles entstanden ist.
So, wie sich die Zeit wie ein Gummiband dehnt,
so dehnt sich auch das Universum durch die bestehende Materie, die wiederum durch ihre Gravitation den Raum krümmt – der Kosmos.
Die Schwingungserhöhung macht auch vor
DIR nicht Halt...

Im Zusammenhang mit den Babys im Mutterleib wurde mir eine Reihe von Fragen erklärt; u.a. auch was Bestimmung ist, und was Schicksal.
Es handelt sich dabei um zwei völlig verschiedene Dinge.

Vielleicht erkennst du den Unterschied zwischen Bestimmung und Schicksal anhand folgender Situation: Du gehst auf einer Straße und hast dabei die Wahl zu entscheiden, auf welcher Seite du fahren möchtest. Ganz links, ganz rechts, in der Mitte oder auf dem Pannenstreifen.

Wie breit deine Straße ist, ob du auf einem Wanderpfad oder einer vierspurigen Autobahn BIST, auch das lässt du dich selbst erfahren.
Die Straße stellt deine Bestimmung dar; wo und wie du dich auf dieser Straße fortbewegst, ist dein Schicksal.
Ob du für diese Erfahrung einen »Rolls-Royce« besitzen musst, ebenso. Diesen »Rolls-Royce« in der Dualität als Auto, wie AN deinem Körper. ER ist ebenfalls der duale Teil von dir, deine Materie, dein »Außen«.
Dieses Außen blüht durch dein INNEN auf.
Versuche diesen Weg, anstatt den der Kaschierung.
»Make-up« ist nicht der Weg der Wahrheit,
die Wahrheit liegt genau in der entgegengesetzten Richtung.

Erfahren aus deinem Körper.
Du kennst sicher den Satz:

Dein Körper ist dein Tempel

Dieser Satz stammt von Menschen, die ebenfalls von der Reinkarnation wussten.
Es gibt unzählige Menschen, die darüber wissen und ebenso viele glauben daran.
Und ebenso viele gibt es, die nicht daran glauben.
Alles ist eine Frage des Bewusst-Seins.
Deines Bewusst-Seins.
Du kannst dein Bewusst-Sein jederzeit erweitern.
Es liegt in deiner Hand.

Daraus ist das ewige Rad des Erfahrens gemacht.
Deshalb ist auch alles möglich.
Jede Schwingung ist ein Sinus,
jeder Sinus ist ein Kreis.
Die Zeit vermischt diese Schwingungen.

Deshalb ist es für dich überaus wichtig, auch diese Schwingungen zu verstehen. Sie sind der Beweis all dessen, was du in diesem Buch liest.
Das »Feld« der Schwingungen liegt vor dir,
»ernten« musst du SELBST.
Die Einfachheit der Natur, nichts anderes!
Hier, in der Natur, steht das gesamte Wissen dieser Welt.
Die Schwingung, die Akasha genannt wird.
Verbinde dich mit diesem »Erdfeld« und erfahre.
Erfahre dein SEIN, denn dort steht es geschrieben.

Es gibt nichts anderes als Schwingung.
Deshalb ist alles durch sie erklärbar.
Die Musik, die du gerne hörst,
sagt viel über dich aus.
Ob du ein Kopf- oder Gefühlsmensch bist, ebenso
wie alle anderen daraus entstehenden Polaritäten.
Alles ist IN Allem.

Der Glaube kann Berge versetzen

Weißt du auch warum?

Weil erst der Glaube die Wahrheit ans Licht bringt.
Dieser Glaube lässt dich unsagbar viele »Wunder« erkennen; sowohl IN dir als auch UM dich.
Wenn du zu diesem Erkennen jedoch nicht bereit bist und nein dazu sagst, wird deine Erfahrung durch dich SELBST gebremst.
Das ist nicht von Bedeutung; Deine Weigerung bedeutet nichts anderes als dass dein Bewusst-Sein eben noch etwas mehr Zeit benötigt, um etwas anderes aufnehmen zu wollen.
Bis es soweit ist, werden sich die Wunder für dich vermehren.

Der Bewusstwerdungsweg des derzeit herrschenden Patriarchats verläuft so, dass du immer mehr Wissen, immer mehr Wunder kennen lernst.
Also immer mehr IN deinem Leben nicht weißt!
Der Weg des Matriarchats ist jener, der dich dein UM dich erkennen lässt.
Das Wissen IN dir macht dich WEISE.

Wenn sich bei dir Gefühl und Verstand einander die Waage halten, dann erkennst du DEINEN WEG. Dein WEG ist daher nicht der des Matriarchats, sondern der Weg, der sich die Waage hält. Deshalb bist du, energetisch gesehen, niemals männlich oder weiblich.
In dir selbst sind wiederum all diese Energien vorhanden. Alles spiegelt das ANDERE.
Alles ist in Schwingung, alles verändert sich. Die am Anfangspunkt deines Erfahrungsweges (deines Lebens - also deiner heutigen Inkarnation) vorhandene Schwingung ließ deinen Körper als männlich oder weiblich entstehen.

Nur du entscheidest, ob du auf deinem direkten Lebens-Weg, oder auf den Umleitungen wandelst.
Ob links oder rechts auf deiner Autobahn.
Glaube nicht an Wunder,
denn die gibt es nicht.
Alles bedarf einer Ursache.
Nur eine Ursache löst erst die Wirkung aus.
Das, was du erLeben darfst.

Weißt du, was ich IN dir bewirken möchte?
Weißt du, wozu du dieses Buch liest?

Damit du erfährst, wozu du wirklich

DA BIST

Du solltest dieses Buch nicht halbherzig lesen und dann wieder zu den vielen anderen gelesenen oder ungelesenen Büchern stellen.
Du sollst wissen, dass es viele Lügen gibt,
aber nur eine Wahrheit.
Es kann zu ALLEM und zu JEDEM nur eine Wahrheit geben.
Genauso kann es auch nur einen Weg geben.
Einen Weg der Sinnhaftigkeit.

Einen Weg, der von Anfang an einfach und erklärbar ist. Viele der hohen und höchsten Schwingungen sind durch duale Gedanken nicht erfassbar. Jedes Erfahren benötigt seine Resonanz. Nur indem du einen Körper steuerst, bist du direkt IN der Dualität. Durch diesen Körper erst kannst du deine Sinne tragen. Du bist fähig, als wandelndes Wesen zu erfahren. Pflanzen schöpfen größtenteils aus der Erfahrung »vor Ort«. Tiere aus dem Überlebensinstinkt.
Für das bewusste Erfahren des All-Eins aus seiner materiellen Existenz wurde unter anderem der Mensch geboren.

Durch deine fünf Sinne kannst du Teilbereiche deiner Welt UM dich erfahren.
Nur durch deine fünf Sinne!
Sie spielen dir jedoch nur kleine Teilbereiche jener Schwingungen vor, die sich dort befinden, wo sich auch dein Körper gerade aufhält. Wie einen Kinofilm spielen sie dir einen Teil der materiellen Existenz vor.
Der Kinofilm ist jedoch die Leinwand vor dir.
Aus dem Projektor hinter dir entsteht der Film,
die Existenz.

Die Existenz ist IN dir,
eine Andere gibt es nicht.

Dreh dich UM.
Wie innen, so außen
wie unten so oben.

Deine gesamte Existenz, der gesamte Sinn deines Lebens ist nichts anderes,
als genau dies zu erfahren:

Erfahre dich SELBST.

Wenn du lernst, den Lauf der Welt zu verstehen,
dann darfst du erfahren, dass es wirklich »Auserwählte« gibt, die sich für die andere Seite zur Verfügung gestellt haben. Entscheide, welche Seite für dich die Richtige ist. Denn die eine bedingt immer die andere.
Ob du in dem auserwählten Volk das Volk siehst, das sich geopfert hat, um die eine Seite zu spielen und dadurch überhaupt erst die andere Seite ermöglicht, oder ob du aus dem Opfer einen Täter machst, liegt in deinem Ermessen. Doch sei dir gewiss, dass deine Entscheidung den Lauf der Dinge, die Bestimmung sind, nicht verändern wird.
Die »Eine-Welt-Ordnung« ist ebenfalls ein Erfahren der gleichen Art und liegt daher auf dem Weg des Erden-Bewusst-Seins, wie auch die vielen Inkarnationen, die über den Reinkarnationsprozess wissen. Das Eine bedingt eben immer das Andere.
Nur weil die meisten Menschen gelernt haben, in Gut und Böse einzuteilen, brauchst du die Wahrheit der Dinge nicht dort zu suchen.
Die ständigen Diskussionen über alles, dieses und jenes würde es nicht geben.
... aber dann würde ja Zeit für dich entstehen ...

Für DEINEN Weg

Die gesamte Vielfalt der Existenz wäre nicht DAS,
was sie gerade ist.

ES IST

Alles Andere ist DEINS ...

Ob du deine Erfahrung in puncto Gesundheit, geistigen Dingen, Kunst oder Kunsthandwerk machst, ob hinsichtlich Moral oder Karriere, Besitztum oder körperlicher Arbeit; ob im Hass oder in der Liebe, all diese Kombinationen sind möglich; und noch viel mehr davon ...
Versuche DEIN Leben, denn alles führt dich auf deinen Weg zurück.

Was soll ich dir hier also dazu sagen?
Wozu soll ich dich mit einem »Du musst« konfrontieren?
Nur du SELBST kannst deinen Weg erkennen.
Ich kann dir nicht sagen, ob du diesen Weg gehen willst oder nicht. Diese Frage kannst nur du SELBST beantworten. Wie weit du von deinem Weg abgekommen bist, ist jedoch erkennbar.
Es liegt daher in deiner Hand, ob du wieder zu deinem Weg zurückfinden willst, oder weiter von ihm abweichst. Es wird immer DEINS sein.
Was soll ich dir hier also vermitteln, außer etwas, das in der Dualität gesagt werden müsste?
Es wäre gewissermaßen ein »du sollst«.
Die 10 Gebote, sie sind nicht brauchbar,
genauso wenig wie die Urknalltheorie.

Ein Ding des Geistes
und ein Ding der Materie.

Wozu werden eigentlich 10 Gebote benötigt,
wenn vielleicht auch die Hälfte davon genügen würde?

Was soll ich dir dazu sagen?
Was, außer JENEM, das schon gesagt wurde?
Die Natur ist einfach, sie erkennt ALLES IN der Gesamtheit der Einfachheit.
Die 10 Gebote werden schnell dahergesagt; ihr Inhalt bleibt jedoch oft undurchleuchtet.

Lese diese 10 Gebote einmal BEWUSST und sage mir dann, welches dieser Gebote nicht erfüllt wird, wenn du

IN LIEBE

handelst?
Wozu bedarf es denn im Leben MEHR?

Die Natur kennt nichts anderes als dieses Gebot.
Doch in Wirklichkeit kennt sie selbst nicht einmal dieses eine Gebot, da sie geschehen lässt, da sie sich dem »Lauf der Zeit« hingibt.
Gebe dich deinem Leben hin,
dein Leben ist es wert,
gelebt zu werden.

Die Zeit bewegt sich für die Natur langsamer als für uns, aber stetig.
Die Erosion ist die »Waltende«,
sie ist der Zahn der Zeit.
Alles verändert sich durch sie.

Wind und Wetter lassen menschliche Relikte sehr schnell wieder IN die Natur zurückfließen. Sogar Häuser aus Beton verfallen ziemlich schnell. Bei den Holzhäusern deiner Vorfahren ging der Verfall noch viel schneller und außerdem »rückstandsfreier« vor sich als bei den heutigen Bauten.

Je größer die Zahl der mit deiner Lebensweise schwingenden Resonanzen, desto öfter kannst du erkennen, dass du auf deinem Weg bist.
Du bist sozusagen zur richtigen Zeit am richtigen Ort. Dein Bewusst-Sein lässt dich dies erkennen.

Erkenne, um daraus zu erfahren.

Wenn du jemanden oder etwas besser kennst, wirst du feststellen, dass dir der Umgang damit leichter fällt als jener mit unbekannten Personen oder Dingen.

Das WAHRE Kennen ist eine Kunst.
Lerne, diese Kunst zu verstehen,
zu erkennen
und du weißt,

WAS du bist.
WER du bist und
WARUM du BIST.

Du kannst immer öfter DAS tun, was dir Spaß macht, wenn du daran glaubst. Je tiefer dein Glauben, desto mehr darfst du erfahren.
Je mehr du erfahren hast,
desto größer (weiter) dein Wissen.

Dein bewusstes Wissen,
Dein Bewusst-Sein
Jede Veränderung entspricht einer Erfahrung.
Veränderst du nichts IN deinem Leben,
dann gehörst auch du zu den sogenannten »lebenden Toten«.
Viele Weise des Ostens sehen im Westen eine Ansammlung von »lebenden Toten.«
Das westliche System nährt diese Energien.
Die Meditation und das zu sich SELBST finden wird in der westlichen Welt nur selten gelehrt. Der Weg der Bewusstwerdung ist der Weg des Erfahrens. Dieser führt jedoch unweigerlich über den Glauben.

Glaube mir, es gibt keinen anderen Weg.
Doch auch jeder »ungläubige« Weg führt dich früher oder später wieder zurück zur Quelle, zur geistigen Welt.
Die Voraussetzung zu ALLEM ist jedoch der Glaube.
Glaube an DICH,
du bist es WERT!

Wenn du deinen Weg gehst, dann gehörst du zweifellos zu den glücklichen Menschen. Je unglücklicher du bist, desto weiter bist du vom Paradies entfernt, von deinem Weg. Wenn du an DEIN

Glücklich-SEIN glaubst, dann sendest du damit Energien aus, die diese Schwingung in Resonanz bringen. Das, woran du glaubst, kommt dadurch immer näher an dich heran. Wie stark dich diese Schwingung BERÜHRT, hängt von dir ab.
Von deinem TUN.
Du verbringst genug Zeit im TUN,
jedoch nur wenig im SEIN.

IN DIR SEIN

Wie viele Stunden beschäftigst du dich im Laufe deines 24-Stunden-Tages mit Dingen, die dich von deiner Entdeckungsreise zu dir SELBST abhalten?

Wie lange du zu dieser Einsicht benötigst, liegt bei Dir.
Das »Geschehen« zieht an dir vorbei.
Wie weit du dich mit diesem Geschehen identifizierst, entscheidest DU.
Lass' dir Zeit oder auch nicht, ganz wie du magst.
Ich möchte dich nicht drängen, ich möchte hiermit nur eines erreichen: dass du nicht mehr sagen kannst
»Davon habe ich nichts gewusst«.

Wenn du hier und jetzt lebst, dann bist du dir deiner Selbst bewusst. Deine Erfahrungsreise (dein Leben) geschieht immer nur im Hier und Jetzt. Alles andere entsteht durch deine Gedanken. Deine Gedanken steuern dein Schicksal. Das, was du als Gedankenschwingung aussendest, widerfährt dir als Schicksal. Das, was du dir für dein Leben vorgenommen hast, ist deine Bestimmung. Vorgenommen, vor deiner Inkarnation, als rein »immaterielle Schwingung«, als Seele.

DU SELBST

Du wurdest nur deshalb als Kind deiner Eltern geboren. Einzig und allein deshalb, um diesen Erfahrungsweg zu gehen. Genau aus diesem Grund hast du zu einem bestimmten Zeitpunkt und an einem bestimmten Ort das Licht der Welt erblickt.

Aber nicht nur deine Eltern, sondern auch all deine Verwandten. Dein gesamter »Stammbaum« besteht, um diese Erfahrung zu formen.
Dein Bewusst-Sein spürt deine Ahnengeschichte, dein WOHER.
Dein Bewusst-Sein kennt die Geschichte von dir selbst, du Seele.

Oder meinst du etwa, all dies wäre ein Zufall?
Du hast allen Grund, deinen Eltern dafür dankbar zu sein, dass es dich gibt. Sie sind dein materieller Erschaffer.

Das Wunder der Zellteilung und der Entstehung aller Lebewesen ist heute relativ gut erforscht.
Die Zellteilung kennt alle möglichen Stadien der Teilung.
Die Evolutionstheorie geht ebenfalls von der Entstehung aus, d. h. vom Einzeller über den Vielzeller bis hin zum Menschen. Hast du dich schon einmal gefragt, warum es dann in der Natur nur Einzeller, jedoch keine Zwei- oder Dreizeller gibt?
Darwin war vielleicht zu seiner Zeit modern, aber doch nicht mehr HEUTE! Dieses Buch bezweckt nicht, »modern« zu sein; dieses Buch ist zeitlos.
Du kannst es als Nachschlagewerk benutzen, oder es an Menschen weitergeben, die dir nahe stehen.
Du kannst es wegwerfen und sagen: »Was da drinnen steht, ist ja alles falsch«.
Ganz wie es dir beliebt.
Ob nun so, oder so.
Dein Leben wird »seinen Weg« gehen.
Und dazu wünsche ich dir viel Einfühlungsvermögen.

Fühle DEIN Leben,
nur DIESES pulsiert IN DIR.

Die Erfahrung der Menschheit wächst so schnell, die Wirtschaft steht vor dem »Ende«. Die Erfahrung aus »moderneren Sichtweisen« wird die Welt verändern.
Alle Wesen, die stehen bleiben und sich der Wandlung widersetzen, werden von der Zeit eingeholt.
Die Zeit formt diese Wesen zurück auf ihren Weg,

den Weg der Wandlung.
Nur dadurch kannst du erfahren.
Die »Zeichen« des Schicksals,
welche du dir IN dein Leben schickst,
werden immer stärker,
je länger du stehen bleibst.

Die Reise zu dir SELBST,
lässt dich alle Formen der Zeit erkennen.
Nur sie ALLEIN lässt die Welt, wie du sie kennst und
in deinem Wachzustand wahrnimmst, erst entstehen.

Erkennst du den Weg?

Den Weg zu DIR SELBST ...

Du kannst nicht davor HALT machen.
Du kannst freiwillig »mitmachen«,
oder du wirst dorthin »gedrängt«.

Dein Schicksal »bringt« dir diese Erfahrung.
Früher oder später ...
... wirst du zu dieser Einsicht gelangen (Einsicht in das Buch des LEBENS)
... wirst du entdecken, dass du niemals »allein« bist.
... wirst du dich der geistigen Welt öffnen.
... wird sich DIR die geistige Welt öffnen.
... gefällt dir dein Leben.
... lebst du und bist glücklich.
... darfst du das Paradies auf Erden erfahren.
... bist du im All-Eins geborgen.
... erkennst du, dass du daraus GEBOREN wurdest.

DU bist ein TEIL davon.

Es ist DAS,
was als »das göttliche Wesen« bezeichnet wird:

DU SELBST

IN DIR

Wenn du deine Eltern jetzt (noch) nicht verstehst oder gar auf Kriegsfuß mit ihnen stehst. Es ist dein Bewusst-SEIN, das dir die Einsicht gibt.
Liebe deine Eltern, denn durch sie darfst du die Materie ERFAHREN.

Deinem Karma verdankst du, dass du genau in diese Verhältnisse »hineingeboren« wirst.
Dein Geburtshoroskop sagt dir deshalb alles über deine Bestimmung. Es beinhaltet jedoch genauso wenig ein Gut und Schlecht wie die »Wahre Dualität«. Von einem guten Astrologen wirst du solche Aussagen bezüglich deiner Zukunft sicherlich auch nicht zu hören bekommen. Er wird dir dein Potenzial für deinen Weg bewertungsfrei aufzeigen.

Deine Bestimmung ist dein Erfahrungsweg, erst dein Schicksal schickt dir das für dich erkennbare »Freud und Leid«; je nachdem, welche Energien nötig sind, um dich wieder auf deinen Weg zu führen.

Schicksal ist deshalb nichts anderes als die Resonanz der Bestimmung. Dessen, wo du stehst und wozu du dich vor deiner Geburt entschlossen hast, zu stehen.
Erfahrung will erfahren werden.
Die, welche dir deine Bestimmung vorgibt,
niemals eine andere.
Dein Schicksal bestimmst du SELBST, und zwar durch den Weg zu dieser Erfahrung.

Je mehr du mit deinem Bestimmungsweg in Resonanz bist, je stärker deine Beziehung zu deinem Bestimmungsweg ist, desto reibungsloser verläuft dein Leben. Je geringer deine Beziehung zu deinem Bestimmungsweg ist, desto größer und häufiger sind die Hindernisse in deinem Leben (Resonanzgesetz).

Die Kirche formte daraus den Himmel und die Hölle.

Das Leben ist so einfach
wie seine Entstehung selbst.

Erkenne, welche Gedanken dich in deinem Sein einengen. Wie sieht es zum Beispiel mit deiner Moral aus?
Dazu möchte ich dir nur folgendes sagen:
Neben dem Menschen gibt es in der ganzen Natur kein Lebewesen, das Moral kennt.
Wenn jemand meint, genau diese Moral sei es, die den Mensch vom Tier unterscheidet, dann sollte er die Liebe in sich erkennen und sie über die Moral herrschen lassen. Täte er dies, dann würde ihm die Moral abhanden kommen.
Die Natur kennt keine Moral; vielleicht beschert sie deshalb ihren Nachkommen die bestmöglichen Voraussetzungen für deren Leben.
Der Mensch SELBST setzt sich seine »Lebensregeln«.
Auch die Moral gehört zu diesen »Regeln«.
Die Wahrheit kennt ebenfalls keine Moral.
Sie ist es, die wirklich LEBT-

JETZT

Alle sterbenden Wesen, mit Ausnahme des Menschen, überlassen die Erde ihren Nachkommen in höchster Liebe. Der Mensch jedoch vermag dies nicht, denn er kennt die Moral.
Erst die Gesamtheit, der Kreis, lässt dich die Dinge verstehen.
Erfahre aus den Kreisläufen, denn sie sind der Schlüssel zum Bewusst-Sein.

Und wie sieht es mit der Verantwortung gegenüber anderen Erwachsenen aus?
Du weißt, dass jedes Wesen für sich selbst verantwortlich ist.
Ein Löwe würde nicht das schwächste Tier einer Herde jagen, wenn sich ein anderes »opfert«.
Dies war jedoch bis heute noch niemals der Fall!
Die Natur geht immer den einfachsten Weg.

Willst du dein Leben »opfern«?
Da ja jeder für sich selbst verantwortlich ist, ist es doch logisch, dass du, wenn du die Verantwortung für jemand anderen übernehmen willst, diesen beeinflusst.
Du manipulierst also dieses Wesen, für das du dich (mehr oder weniger) verantwortlich fühlst.
Möchtest du das auch bei dir selbst?
Würdest du gerne manipuliert werden?
Glaubst du, es bei anderen tun zu müssen?
Bemerkst du, wie dir die Systeme der Gesellschaft durch gewisse »Schwingungsverbreitungen« das Leben außerhalb der Harmonie erklären wollen?

IN DIR kennst du die Antwort!
Höre dir zu IN deinem Erzählen ...

So, wie du vielleicht denken magst, dass der Inhalt dieser vielen Zeilen doch niemals wahr sein kann, da du ja bisher noch nicht viel davon in der Gesellschaft gehört hast, so wirst du deine Voreingenommenheit erkennen.

Ich denke es ist Zeit für die Wahrheit,
was meinst du?

Kannst du dir – nachdem du schon so lange manipuliert wurdest – überhaupt vorstellen, dass du all dies als glaubwürdig zu erkennen, in der Lage bist?
Oder tendierst du eher dazu, das Gegenteil von dem, was hier geschrieben steht, als richtig anzunehmen?

Es liegt auf der Hand, dass eine Neustrukturierung des Denkens umso schwieriger wird, je länger dir die »offizielle Version« bekannt ist.
Dies ist übrigens auch der Grund dafür, dass in der Wirtschaft von heute die Theorie in immer größerem Maße vorherrscht.
Das darf uns nicht wundern, denn zu den bereits vorhandenen Arbeitsplätzen müssen schließlich ebenfalls zahlreiche zusätzliche Stellen für den »Overhead« geschaffen werden.

Wie du siehst, tauchen auf dem Weg der Bewusstwerdung viele Denkaufgaben auf.

Es sind Denkanstöße, die dich zum Bewusst-SEIN führen sollen. Da zu diesen Themen reichlich einschlägige Literatur vorhanden ist, sollen sich diese Denkaufgaben hier nur auf einige wenige beschränken.
Ich möchte in diesem Buch nichts an dich weitergeben, was du in anderen einschlägigen Publikationen lesen kannst. Zumindest hoffe ich, dass mir dies gelingt, da ich – wie bereits erwähnt – nicht viele dieser anderen Bücher kenne. Dass es sie gibt, erfuhr ich aus Erzählungen oder anlässlich diverser Diskussionsrunden. Das, wovon ich noch nie, oder nur »am Rande«, gehört habe, möchte ich dir mit diesem Buch näher bringen. Ich schrieb es für **DICH**.
Der einzige Zweck dieses Buches besteht darin, dir einen glücklicheren Lebensweg zu ermöglichen.
Einen Bewussteren.
Werde dir deiner SELBST bewusst!

SelbstBewusstSein ist ein Teil deines Bewusst-Seins.
Dein SelbstBewusstSein hat jedoch nichts mit deinem Ego zu tun.
Dein Ego beherrscht dich nur solange,
bis du zu dir selbst gefunden hast.
Du selbst kennst die Wahrheit,
Sie ist immer DA.
Immer – IN Dir.
Jedes Wesen behält den Funken des All-Eins immer in sich selbst.
Es ist das, was du als »das Göttliche« kennst.
Dort ist alles geschrieben,
ALLES gespeichert,
ob in Wort oder Bild.
Gleichgültig, in welcher Sprache du dir dieser Botschaft bewusst wirst.
Ob du ein visueller, oder ein akustischer Typ bist,
ist nicht von Bedeutung,
ALLES ist DEINS,
das gesamte Leben.

Wenn du nur LEBST.

... Im JETZT lebst.

Werde dir deiner Erfahrungen bewusst, für die du lebst und du wirst ein glückliches Leben führen.
Denn: je mehr du dir bewusst wirst, desto näher bist du dem Paradies.

Je nachdem, ob du in den letzten Jahren einen positiven oder einen negativen »Verlauf« deines Lebens erkennen kannst, wirst du erfahren, ob du dich auf deinen Erfahrungsweg zubewegst, oder ob dich dein Schicksal erst dahin »bewegen« muss.

Zurück zum All-Eins ...
... ins Paradies.

Vielleicht empfindest du, dass ich viele meiner Ausführungen zu oft wiederhole. Das soll dich nicht zu der Annahme verleiten, dass die Wahrheit kompliziert ist.
Sie ist es keineswegs.
Du brauchst zu dieser Erkenntnis nicht viele Bücher lesen oder studieren.

Du kannst Musik hören oder selbst musizieren.
In der Musik erkennst du sehr gut den Unterschied zwischen Kopf- und Bauchmusik.
Kopflastig oder bauchlastig.
(z.B. Jazz oder Reggae)
Auch diese Gegensätze kennen sich.
Alles IN dir gerät in Harmonie,
wenn dein Sein in Harmonie mit deinem Körper ist.
Dazu solltest du jedoch einige Grundsätze kennen,
von deren Auswirkungen du nicht verschont bleibst,
nur weil du Sie nicht kennst.

Es ist wie bei den Gesetzen in deiner dualen Welt.

Ob du den Hinweis zur 70km/h -Geschwindigkeitsbeschränkung gesehen hast, oder nicht, ist den Sicherheitsorganen egal. Überschreitest du diese Geschwindigkeit, so hast du zu zahlen und kannst für alle aus dieser Übertretung resultierenden Folgen zur Verantwortung gezogen werden. Nur du bist verantwortlich für dein TUN – für DICH.
- Niemand anderer!
Weder deine Eltern noch deine Vorgesetzten.
Weder dein Arzt noch dein Partner.
Nur DU!

Auch in der Musik bestätigt sich, dass der Geist die Materie steuert. Viele Musiker musizieren mit ihren Instrumenten in einer Art, die sich durch die Wissenschaft nicht erklären lässt. Sie spielen so perfekt, so schnell, wie dies »normalerweise« nicht möglich ist, da das Gehirn nachgewiesenermaßen nicht vermag, den entsprechenden Befehl in so kurzer Zeit über die Nerven an die Fingermuskeln zu senden. In diesem Augenblick kommt das unbewusste, kreative SELBST zum Ausdruck. In diesen Augenblicken kannst du ebenfalls dein SEIN erkennen

Dich SELBST

Oder die Musiker sind beim Spiel in einem derart starken Trancezustand, dass der Rhythmus an den Körper abgegeben wird und die Sinne überhaupt nicht mehr da sind (z.B. die Trance des Schamanismus geht diesen Weg). Der Körper wird sozusagen mit diesem Rhythmus beschäftigt gehalten, der Geist kann entfliehen.
Die alte Tradition der schamanischen Trancereisen.
Kopf und Bauch sind immer dabei.

Wenn sich diese Beiden vereinigen, sich in der Mitte treffen, dann landest du in deiner Mitte, dem mittleren deiner sieben Hauptchakren:

Deinem Herzchakra

Deshalb solltest du dich am Ende dieses Buches IN deinem Herzen wiederfinden und dein Herz beurteilen lassen, nur dein Herz erkennt den wahren Weg.

Den Weg der Liebe,
denn nur dieser geht bis ans Ziel, ins

All-Eins

Einer der ersten Schritte auf dem Bewusstwerdungsprozess ist jener,
demzufolge du selbst für alles, was dir widerfährt, verantwortlich bist.
Wenn du zu den Menschen gehörst, die zu einem Arzt gehen und meinen, dieser würde sie wieder gesund machen, so lasse dir sagen, dass nur du selbst es sein kannst, der DICH gesund macht. Es ist dabei ohne Belang, ob du einen Arzt der Schul- oder Alternativmedizin konsultierst. Es gibt die sogenannte Form der Gnade.
Diese ist der zuvor beschriebene Unterschied (s. Kap.: Alles ist Schwingung) zwischen Dur und Moll.
Die Bewusstwerdung deiner Selbst ist auch in dieser Form (der Gnade) enthalten.
Aber bei »stärkeren Abweichungen« von deinem Weg wirst du entweder eine merkliche Bewusst-Seinsveränderung durch diese »Krankheit« erfahren, oder aber diese »Krankheit« nicht abgeben.
Du bleibst also entweder in der Resonanz dieses Schwingungsfeldes, oder du wandelst dich aus diesem Schwingungsfeld heraus, wieder zur anderen Seite des Lebens hin ...
Nichts ist gut oder schlecht,

ALLES hat seine Berechtigung.
Die Schöpfung schöpft aus ALLEM, was da IST.
Wie könnte dann etwas schlecht SEIN?
Und wo kein Schlecht,
da auch kein Gut.

Eigentlich ist der Weg genauso einfach wie ALLES in der Natur.

Eine »Verbindung«, die ich vor Jahren zu einem mittlerweile ver-

storbenen Menschen hatte, führte sowohl ihn als auch mich durch viele Formen und Aspekte der Einfachheit. Seine wichtigste Ein-Sicht durfte dieser Mensch kurz vor dem Zeitpunkt seines Todes erfahren. Er hatte immer »davon« gewusst; es war Zeit seines Lebens in seinem innersten Kern vorhanden. Doch er sprach nie darüber; es war für ihn immer gleichsam ein Traum. Ein Traum, den er immer wieder träumen wollte und dem er immer näher kam.
Zu seinen letzten Worten gehörten »es ist alles einfach«. Ihn zu «begleiten«, empfand ich als einen wundervollen Augenblick und ich machte die Erfahrung, dass es zu den schönsten EinSichten gehört, den Tod eines »einSichtigen« Menschen miterleben zu dürfen.
Alle Menschen, die »in Frieden gehen«,
gelangen zu dieser Erkenntnis.

Beeindruckend ist vor allem die unsagbare Harmonie, die mit der Erkenntnis dieser Menschen einhergeht, dass sie dorthin zurückkehren, wo alles seinen Ausgang nahm. In diesem Augenblick werden sie zu einem vielfach größeren Teil des All-Eins; sie werden einSichtig. Diese EinSicht in das Leben ist eine wunderbare Geschichte.
Sie zu gehen erfordert jedoch die Realität, die Wahrheit.
Erkenne die Wahrheit UM dich,
denn dann erkennst du die Wahrheit IN dir.

Oder du machst es umgekehrt:
Erkenne die Wahrheit IN dir,
dann erkennst du die Wahrheit UM dich.

Wie innen, so außen,
wie oben, so unten.

Es wird dir nicht gelingen, deine ersten Schritte zu machen oder das Radfahren zu erlernen, wenn du es nicht immer wieder versuchst.

Versuche DEIN Leben.

Versuche es und du wirst sehen
– es IST.

Schwingungen können in allen möglichen Formen auf dich übertragen werden. Sei es nun aufgrund von Tabletten, einer Therapie mit Infrarot-Licht, durch die heilende Energie der Hände, deine Erziehung und durch dein Umfeld. All dies bewirkt bei dir einen sichtbaren Prozess. Ob dieser in Gesundheit oder Krankheit verläuft, entscheidest du; niemand anderer.

Dein Schicksal wandelt sich konform zu deinem TUN.

Alles, je nach Wandlung deiner SELBST.
An dir SELBST sollst du erfahren,
niemals aus dem UM dich.
Dein UM dich ist das Spiegelbild von
DIR SELBST.
Der einfachste Weg ist der IN dir SELBST zu erfahren,
denn dazu benötigst du keine Materie.
Dies ist die »wahre Erlösung«.

Möchtest du dich durch einen Spiegel betrachten
oder lieber SELBST?

Tabletten sind grobstofflich und besitzen viele andere Schwingungsmuster, die dich zwar in einer Schwingungsebene gesunden lässt, doch in anderen Schwingungsebenen krank machen. Sie schlagen sich auf den Magen, die Nieren, etc.
Erfahren kannst du immer nur an dir SELBST.

Genau deshalb kommen wir nun zu einem Thema, das ein wenig heikler ist, doch das der Vollständigkeit halber hier nicht fehlen sollte: zu den Zentralfiguren der Bibel, um die so viele Geschichten »gesponnen« wurden.

Wenn du die Entstehung der Artussage zurückverfolgst, wirst du erkennen, dass diese Sage deshalb so wahr ist, weil sie lange genug »gesponnen« wurde.

Eine lange Zeitspanne hindurch!
Sie beinhaltet genauso wenig Wahrheit wie die Geschichte um Jesus.
Jede Religion sowie der Glaube an einen Gott, an einen himmlischen »Vater« – der ja überhaupt DUAL ist, (männlich - s. Kap.: Patriarchat - Matriarchat)
ist jedoch nichts anderes als der Versuch, dich von dir selbst abzulenken. Wenn du einem Gott vertraust, wofür bist du dann verantwortlich?
Auf einmal nicht mehr für dich selbst?
Genau DAS ist es, worauf du deine Gedanken lenken solltest.

Indem du deine Eigenverantwortung abtrittst, wirst du abhängig von anderen. Natürlich wird man, um das Rad der Illusion zu schließen, nicht verabsäumen, dir einzureden, dass du für viele andere Menschen verantwortlich bist. Das ist verständlich, denn schließlich ist ja niemand für sich selbst verantwortlich.
Auch in der heutigen Industrie wird die Verantwortung immer weiter nach »unten« verschoben.

Greife niemals in den freien Willen anderer ein. Versuche nicht, sie zu beeinflussen. Wenn du die Harmonie des wahren freien Willens zu verstehen beginnst, wirst du aufblühen wie eine Rose, die sich zunächst durch ihre Stacheln schützt, um sich dann, voll erblüht, von ihrer schönsten Seite zu zeigen.
Sobald die Zeit dafür da ist, hast du erkannt. Die Blüten der Rose drücken ihre Furchtlosigkeit aus, denn auch bei ihr hat in diesem Moment die Erkenntnis eingesetzt. Sie nimmt sie an.

Jede Seele, jedes Wesen geht seinen Weg.
Du kannst dich nur innerhalb bestimmter Grenzen bewegen. Du kannst auch nicht mit dem Auto von zu Hause wegfahren (Ausnahme: Levitation) und nach 10 Minuten tausend Kilometer oder mehr von deinem Ausgangspunkt entfernt sein. Irgendwann treten wir alle unseren Weg an und beenden ihn auch.
Jeder auf SEINE Art.
Das All-Eins, die unendliche Schwingung, welche du als Gott bezeichnen kannst (jedoch nicht in der Art, wie sie das Christentum

beschreibt) ist der Ruhepol, der Zuschauer dieses Theaterstücks. Die Zeit wird aus dem All-Eins heraus geboren und stirbt darin zurück.

Keiner der einst wirklich existierenden hinduistischen Gottheiten, wie z. B. Vishnu oder Shiva, wäre es jemals in den Sinn gekommen, in ihrem Wirken ein Vorbild für Andere zu sehen, eine Quelle, aus der geschöpft werden kann.

Du bist der Schöpfer deiner SELBST.
Es gibt keinen Gott oder andere,
die du gerne als Meister »anbeten« möchtest.
Du SELBST bist dein Meister,
niemand anderer außer dir.

Alles andere ist nicht die Wahrheit, auch wenn du dies anfangs nicht gerne annehmen magst.
Übernimm Verantwortung für dich. Niemand kann sie dir abnehmen.
Du selbst

BIST

Erkenne, dass du niemals deine Verantwortung abtreten kannst. Genauso wenig, wie du Verantwortung für Andere übernehmen kannst.
Dies gilt für alle mündigen Erwachsenen.
Wenn du danach erkennen darfst, dass nur deine Gedanken in dir ein Gefühl der Schuld erzeugen können, ist dein nächster Schritt getan. Du bist niemals schuldig. Niemals im Sinne eines Sünders, wie von vielen Glaubensrichtungen verbreitet wird. Die Schuld, die du dir auferlegst, braucht niemals deine Gedanken verwirren oder ängstigen, denn all deine im JETZT gesetzten Handlungen widerfahren dir in deinem Schicksal.
Es ist die Wahrheit, dass alles, was passiert, aus gutem Grund geschieht.
Das All-Eins lässt nichts geschehen, weil es gut oder schlecht ist, sondern weil es die Resonanz dessen ist, was zuvor geschah. Du

erkennst es als dein Schicksal, welches dir aufgrund deiner Handlungen widerfährt.
Du kannst immer und immer wieder nur aus deinem eigenen JETZT erfahren, daraus lernen und dein TUN beeinflussen. Du wirst dadurch bewusster, du lebst bewusster und vieles im Leben wird dir klar.
Wenn du die Verantwortung für dich SELBST übernimmst und keine deiner einmal getroffenen Entscheidungen im Nachhinein als »falsch« erkennst, dann wirst du feststellen, dass du ja auch dafür verantwortlich sein musst. Dein Schicksal will dir also diesen Schatz der Erfahrung, dessen du dir gerade JETZT mit deinem derzeitigen Bewusst-Sein noch nicht bewusst wirst, nochmals präsentieren.

Genau aus diesem Grund:
Werde dir dessen bewusst, worin der »Sinn des Lebens« besteht. Durch dieses Bewusst-Sein verändert sich dein Schicksal in einem immer größer werdenden Gleichklang zu deiner Bestimmung. Dein Leben wird harmonischer.

Das ist doch einfach, oder etwa nicht?

Du lernst, immer näher an das Paradies heranzukommen. Du könntest allerdings niemals sofort im Paradies leben. Dein eigenes Ego verbietet es dir. Lege es ab; du brauchst die Stacheln der Rose nicht mehr. Du gibst deine »Reaktion« auf das Leben ab, du wirst zum Beobachter. Zum Zuschauer des Theaterstückes LEBEN.
Erkenne es, dann kannst du es bewusst verändern.
Bewusst leben bedeutet Veränderung.
Stillstand bedeutet Tod.

Verändere dein Leben, denn nur dazu bist du DA.
Sobald du das Paradies gefunden hast, wirst du erlöst.
Erlöst, damit die Dualität aus einem anderen SEIN erfahren darf. Du bist sodann die aus der geistigen Welt kommende Hilfe, oder anders ausgedrückt, das, was gemeinhin meist als Wunder bezeichnet wird. Lass das All-Eins in dich einkehren und du wirst eine Wandlung erfahren, die deiner wirklich würdig ist.

Du bist nicht das Wesen, zu dem man MENSCH sagt.
Dein Fahrzeug ist es, das gerufen wird.
Dein Sein ist etwas anderes, etwas dir bewusst Verschwiegenes.
Wenn du dich selbst nicht kennst, dann bist du wie ein Blatt im Wind, wie die Marionette einer weltweit agierenden Steuerung, die besonders auffallend in der sogenannten zivilisierten Welt vorherrscht.

Erkenne dein WAHRES SEIN,
Für alles andere ist dein Leben zu schade.
Erkenne dich selbst als wertvolles Wesen.
Denkst du, die Steuerung deiner 60 Milliarden Zellen ist ohne höhere Intelligenz möglich?
Denkst du, dass alles, was du in deinem Leben lernst, richtig ist?
Warum sieht sich die Wissenschaft von einer zusehends größer werdenden Zahl an Rätseln konfrontiert statt in der Lage zu sein, immer mehr Rätsel zu lösen?

Hinterfrage doch einmal einige Schlüsselpunkte des Lebens.

Warum bekommst du auf deine Fragen nur selten befriedigende Antworten? Warum lerntest du in der Schule nichts davon?
Warum lässt die »zivilisierte« Welt Tonnen an Nahrungsüberschuss verderben, obwohl sie weiß, dass in Afrika Millionen Menschen unterernährt sind, an Hunger leiden und sterben?
Es genügt, nur ein paar dieser »Schlüsselfragen« zu stellen, um immer wieder auf Ergebnisse zu stoßen, die den Aussagen dieses Buches sehr ähnlich sind.
In diesem Buch werden viele Schlüsselfragen zum Leben aufgeworfen und behandelt und je mehr du dich ihrer annimmst und dich mit ihnen beschäftigst, desto bewusster wirst du dir, dass genau an dieser Stelle im »Gesellschaftssystem« fast keine Energie vorzufinden ist. Dass das »System« genau hier krankt. Genau hier bist du auf dich SELBST gestellt.
Aber nicht etwa, weil die Gesellschaft so schlecht ist!

Dieser Umstand ist vielmehr darauf zurückzuführen, dass die Bewusstwerdung ihren Weg benötigt.

Wenn dieser Weg für viele Menschen möglich wäre, wo würden dann die Inkarnationen bleiben, die diese Welt beleben?
Die Erfahrung schöpft aus ALLEM.
Aus all der Dualität!

Es gibt nur einen Weg der Wahrheit, nämlich JENEN, auf dem alle Rätsel beginnen, sich lösen zu lassen (Rätsel lösen – Erlösung).
Dieser Weg ist Schritt für Schritt erklärbar, erkennbar, ERFAHRBAR und natürlich auch lückenlos beweisbar.
Dies kann immer nur der einfachste Nenner, die Natur SELBST sein – du kommst DARAUS.
Du bist ebenfalls NATUR.

Sieh dich an.
Nackt, wie die Natur dich schuf.
Kannst du dich annehmen,
so, wie du aussiehst?
So, wie du BIST?
Bist du ein ehrlicher Mensch?
Ein kritischer Mensch?
Ein liebevoller Mensch?

Kannst du dich ansehen?
Kannst du TIEF in deine Augen blicken?

Kannst du dich annehmen?
Annehmen, so wie du bist?

Wenn du dies alles bejahst,
dann kannst du meditieren,
dann kennst du das LEBEN

-DICH SELBST-

Die Natur kennt den Weg; sie weiß vom Pfad der Einfachheit.
Deine Gedanken wollen dich immer wieder von diesem Weg abbringen, hin zu deinem Ego.
Dorthin, wo du dich in deiner Welt vergräbst. Dorthin, wo du dich

nicht mehr an deine Wurzeln erinnern kannst.
Dein größtes Gut ist die Freiheit.
Lebst du sie?

Alles – jedes Ding, jede Materie und jeder Mensch – wodurch du dich gefangen oder eingeengt fühlst, macht dich abhängig. Du kannst daher immer nur an dir SELBST erkennen, wovon du abhängig bist und schon sind wir wieder dort, wo du dir nur selbst helfen kannst.

Auch die Liebe zu einem anderen Menschen kann abhängig machen. Liebe, die nicht bindet, ist die »wahre Liebe«.
Erst durch die Liebe der Freiheit kann die Liebe der Innerlichkeit wachsen.
Liebe, die nichts fordert; sie ist es, die du als wahre Liebe kennen lernen solltest.

Lass' mich diese Art der Liebe anhand folgenden Exempels erläutern: Nimm einmal an, du wärst vor etwa zwei Jahrzehnten in einem alten Auto bis zur Grenze des Machbaren um eine Kurve gefahren. Wenn du die gleiche Kurve, vorausgesetzt diese Straße befindet sich noch im damaligen Zustand, heute mit einem halbwegs »brauchbaren« Fahrzeug durchkurvst, würdest du feststellen, dass es dabei ein Leichtes ist, diese Strecke mit einer 50 % höheren Geschwindigkeit als damals zurückzulegen.
Damals wäre dies für dich kaum vorstellbar gewesen. Oder doch?
Genauso wenig ist es für viele Menschen vorstellbar, dass es etwas anderes gibt als das, was sie bisher als Liebe bezeichnet haben.

Der Weg zum wahren Leben ist nicht leicht, dafür wird er jedoch immer schöner; so schön, dass du das wahre Leben niemals gegen ein »leichtes« Leben eintauschen würdest, zumal sich Letzteres nur anfangs von seiner »leichten« Seite zeigt.
Du solltest dich ernsthaft auf - sagen wir fürs Erste einmal - ein Jahrzehnt deines Lebens einstellen, in dem du intensiv und konsequent an dir Erfahrung sammelst. Ein Jahrzehnt des IN DICH Gehens. Wann du die ersten Schritte zu dieser Erkenntnis machst, liegt bei dir. Tun kannst du sie jederzeit.

»Im Augenblick habe ich dafür keine Zeit. Dafür müsste ich dies und jenes ändern, doch in meiner Situation ist das derzeit leider nicht möglich.«

All das sind Ausreden deines Egos.
Entweder hörst du weiterhin auf dessen Vorwände, oder du handelst.
Wer rastet, der rostet.
Selbst wenn du denkst,
nein, nicht schon wieder Arbeit.
Doch hast du erst einmal begonnen, dann wirst du bald erkennen, wie sich dein Schicksal verändert und dass aus deiner »Arbeit« Vergnügen wird.

Wie könnte ich dir die Liebe erklären,
ohne dass du sie SELBST erfährst?
Wie kannst du jemals erkennen, dass es eine andere, viel schönere Liebe gibt als die, die du bisher erfahren hast? Sie ist reiner als die klarste Gebirgsquelle, intensiver und weitaus harmonischer.
Wie kannst du jemals wissen, dass es eine andere Liebe gibt, als die, welche du bisher erfahren durftest?

Wie kannst du erkennen, dass wir ALLE Brüder und Schwestern sind? Verwandte Menschen, die einander erst seit einiger Zeit nicht mehr bekannt sind.

Dein Leben währt nicht sehr lange; das BeLeben der Erde dauert ebenfalls nur wenige Jahrtausende. Erkenne deine Wichtigkeit, den Tempel, der für dich gebaut wurde; er ist ein wahres Wunderwerk der Technik. Staune nicht über die Errungenschaften der Menschen, denn sie sind wirklich Kleinigkeiten. Auch sie sollen dich wieder von dir entfernen.
Die Schöpfung der Natur ist grenzenlos
– die Schöpfung MENSCH.

Die Hände sind in der Dualität gebunden, deshalb kannst du nur diese Zeilen lesen, die Erfahrung dazu sammelst du SELBST. Kein Weg führt an der Praxis vorbei, dazu existiert ja schließlich die

Dualität. Materie ist dazu da, um erfahren zu werden. Erfahren durch das TUN oder durch die geistige Welt, durch das SEIN.
Die gesamte Dualität basiert darauf.
Es ist immer alles da,
alles IN dir.
Du hast jedoch immer die Möglichkeit,
aus allem UM dich zu erfahren.
So lange du aus der Dualität erfahren magst,
so lange bleibst du DARIN.

Ich bitte dich, erkenne die Kreisläufe.
Wie schon gesagt, wirst du nur durch das
ERKENNEN DEINER SELBST
zur EinSicht kommen.

Alles, was dir hier vermittelt wird, wurde so gut wie möglich innerhalb dieser Kreisläufe beschrieben. Nur das ERKENNEN ermöglicht dir, die Sache SELBST zu erkennen, aus welcher du gerade erfahren sollst.

Achte auf die Energien, die du anziehst, auf die Energien rund UM dich. Die Energien IN dir sind der Spiegel all dessen, was dich umgibt.

Wenn ich dir zum Beispiel sage, dass die Energien, die du mit jedem Eingriff in das Zinssystem (ob mittels Sparbuch, Versicherung oder Kredit) UM dich scharst, nichts anderes sind als ein anonymes Arm-ärmer oder Reich-reicher, so wirst du mir unter Umständen noch nicht glauben. Doch früher oder später wirst auch du dich dieser Einsicht nicht mehr verschließen können.

Ich kann dir nur über jene Dinge berichten, durch die ich bisher in meinem Leben erfahren durfte, wie auch über meine Ein-Sicht (z.B. Akasha) in viele Dinge, die zu erfahren, mir beschieden war; aber auch über meine Ein-Sicht in Dinge, die noch kommen werden. Dass du ebenfalls diese Erfahrungen machst, ist eher unwahrscheinlich, da jeder seinen eigenen Weg geht.
Viele Erfahrungen können sich kreuzen, viele Erfahrungen kennst du schon aus deinen früheren Inkarnationen, viele Erfahrungen

sollst du erst in späteren Inkarnationen machen. Es gibt jedoch immer wieder Punkte, an denen sich die Wege kreuzen. An einer dieser Kreuzungen werden wir uns wahrscheinlich wiedersehen – vorausgesetzt unser Schicksal bestimmt dies, indem es uns beide zur gleichen Zeit am gleichen Ort zusammenführt.
Was ich dir hier beschreiben möchte, ist ausschließlich das Kreuzen der Wege. Ich wünsche mir, dass du aufgrund meiner Erklärungen vorerst nur einmal daran glaubst. Alles Weitere darfst du dann von selbst erfahren.

Dein Wille zu TUN und dein Glaube, erst dadurch kannst du Berge versetzen.
Der Wille zu glauben muss ebenso vorhanden sein wie der Lebenswille. Dein Fahrzeug wurde dir nicht umsonst zur Verfügung gestellt. Du selbst stellst dir diese Materie zur Verfügung; deshalb liegt immer alles an Dir. Deine Gesundheit, dein Glück oder Leid, deine Fröhlichkeit und deine Einsicht.
All die Eigenschaften, die dich formen, all das bist DU, dein LEBEN.
Dadurch siehst du auch die Welt so, wie du sie wahrnimmst. Es ist ein Spiegel deiner Selbst. Deine Gedanken formen dir die Welt, die du mit deinen Sinnen wahrnimmst.
Deshalb lebt jedes Wesen in seiner eigenen Welt. Du kannst deine Welt niemand Anderem aufzwingen, du kannst nur von deiner Welt erzählen.

Wenn du deine Welt einem anderen aufzwingen würdest, wäre das die angebliche Verantwortlichkeit anderen gegenüber.

Dein Bewusst-Sein zeigt dir, wie groß dein Fenster ist, durch das du deine Welt erblickst. Du kannst dein Fenster größer werden lassen oder auch nicht. Du kannst auch aus dem Raum, aus dem du durch das Fenster blickst, hinausgehen.
Hinaus in die Natur.

Die Freiheit kennt weder Türen und Fenster noch Grenzen oder Begrenzungen. Erst wenn deine Gedanken frei sind, wird auch dein Fahrzeug, dein Körper frei sein.
Der Geist formt die Materie, dein Körper hört auf deine Gedanken.

Öffne dein Herz und lasse das, was deine Gedanken aus deiner bisherigen Erfahrung formen, beiseite. Wer sagt dir, dass deine bisherigen Erfahrungen der Wahrheit entsprechen? Glaubst du wirklich daran, dass sie wahr sind, nur weil dir dies über lange Zeit hindurch gesagt wurde? Was davon hast du an dir SELBST erfahren und was gesagt bekommen?
Was davon schon genauer hinterfragt,
oder was hast du einfach nur »angenommen«?

Warum sind bis heute so viele Fragen der Menschheit unbeantwortet geblieben? So viele Fragen, auf die es einst eine Antwort gab.

Der Mensch weiß nicht, wie das Leben entstanden ist.
Er weiß nicht, warum es überhaupt entstanden ist, und was es eigentlich ist.
Er weiß weder, ob der Planet, auf dem er lebt, der einzige von Lebewesen bewohnte Himmelskörper ist, noch weiß er, wie der Kosmos überhaupt entstanden ist.
Der Mensch kennt den Zusammenhang der Kräfte des Sonnensystems noch nicht, denn die Erde wird als »Maßstab« genommen. Man nimmt jedoch an, dass sie eine mit Magma gefüllte Kugel ist. Der Mensch kennt weder das Alter der Erde, noch weiß er, was sich in ihr ab einer Tiefe von 15km befindet.
Der Mensch kann weder die tiefen, wie leergefegt daliegenden Meeresgründe erklären, noch weiß er, warum es weltweit so wenig Humus gibt. Der Mensch kann sich das Verhalten vieler Tierarten nicht erklären; warum also z. B. die Aale zum Laichen so lange Strecken zurücklegen, oder weshalb die Zugvögel in so weit entfernte Länder fliegen, wenn sich doch alle Tiere ihrer Umgebung anpassen (dies war bei der Entstehung der Arten der Fall).

Ebenso wenig weiß der Mensch, warum sich auf dem Grund des Mittelmeeres eine über hundert Meter dicke Salzschicht befindet, oder warum es in Sibirien tiefgefrorene Mammuts gibt, die schockgefroren wurden und deren Fleisch so frisch ist, dass es für den Verzehr geeignet wäre.
Auch warum es Eiszeiten gab, wie die riesigen Erdölfelder in Saudi Arabien entstanden, wie Hypnose oder Levitation möglich sind,

weshalb es vor der Eisenzeit eine Bronzezeit gab, obwohl Bronze eine Legierung und viel schwieriger herzustellen ist als Eisen (Eisen ist ja auch in weitaus größerer Menge auf der Erde und oft auf deren Oberfläche vorhanden), vermag er nicht zu erklären. Er findet auch keine Antwort auf die Frage was wirklich die Materie, den Körper be-Lebt und warum es unvorstellbar große, alte Bauwerke gibt, die doch nie gebaut werden konnten …
Wie mehrere hundert tonnenschwere Steine, die sich trotz all unserer heutigen Technologien nicht bewegen lassen, geschweige denn gehoben werden können, einst bei prächtigen Bauten (z.B. Tempel von Baalbek) zum Einsatz kommen konnten.

Aber all diese Beweise sind vorhanden!

Wenn du nichts von all dem, was du in diesem Buch gelesen hast, vorbehaltlos akzeptieren kannst, und die Richtigkeit der hier gegebenen Antworten bezweifelst, dann bist du auf dem richtigen Weg, denn der Zweifel unterliegt nicht der Dualität. Es steht dir frei, an Gott zu glauben, oder nicht. Du kannst einer Religion angehören und deshalb an Gott glauben, weil es alle anderen in dieser Gemeinschaft auch tun. Du kannst jedoch auch daran zweifeln und dich auf die Suche nach den Beweisen machen. Genauso sollst du dich auf die Suche nach allen Wahrheiten begeben. Diese Suche beginnt mit dem Weg zu Dir.
Mit der Meditation.

Ich kenne keinen Menschen, der Gott je gesehen hat.
Ich selbst habe ihn auch noch nie gesehen.
Wenn du Gott einmal in tiefer Meditation wahrnimmst, so berichte mir darüber.
Ich lasse mich gern eines Besseren belehren.
Du wärest dann der erste Mensch,
der DAS Wesen kennen gelernt hat.
DAS Wesen, das dir deine Freiheit genommen hat.

Es gibt kein »ich Liebe DICH, weil …«
Es gibt nur die Liebe SELBST,

denn die Liebe genügt sich SELBST.
Sie lebt aus sich SELBST heraus.

Die gesamte Existenz ist

LIEBE

Du kannst die Ansicht jedes Menschen hinterfragen, wenn du erfahren möchtest, warum er gerade diese Meinung vertritt.
Hat dieser Mensch schon einmal meditiert?
Hat er jemals versucht, zu erfahren, ob es da auch noch etwas anderes gibt?
Wieso weiß dieser Mensch, dass es nichts anderes gibt?
Hat er schon einmal seine eigene Meinung hinterfragt?
Wenn ja, wie genau, wie achtsam, wie bewusst?
Wie bewusst LEBT dieser Mensch?

Überzeuge dich SELBST davon,
denn in der Suche liegt Veränderung.
Veränderung bedeutet Leben,
Glauben und Nichtglauben ist nichts anderes als ein Ja oder Nein
– die Dualität.
Der Zweifel entzieht sich ihr.

Nur durch Zweifel kannst du wachsen.
Durch Zweifel erkennst du.
Du erkennst die Welt UM dich und
die Welt IN dir...

Um dich stellst du Fragen, um zu erfahren.
In dir stellst du keine Fragen.
Du tust einfach nichts.
Nichts,
und DAS mit all deinen Sinnen.

Du hörst dir zu,
Du siehst dir zu.

Du nimmst dich wahr,
so, wie du bist.

All-Eins

Du wirst auf deinem Weg niemals (einem) Gott begegnen,
denn bisher hat ihn noch niemand wahrgenommen.
Du wirst deine Augen nicht ewig davor verschließen können, dass es nichts außer Schwingung gibt.
Schwingungsmuster, -konzentrationen, -mangel sowie auch Schwingungsüberschuss.
Wo wäre da Platz für einen Gott?

Fange an zu LEBEN, falls du es nicht schon tust.
Dein Leben ist zu wertvoll,
um vergeudet zu werden.
Vergeudet an den vielen irdischen Dingen,
von denen du annimmst, dass sie wichtig seien.
Sie sind es nicht.
Sie werden es niemals sein.
Du gehst, so wie du kommst,
aus der Erde zur Erde.
Du bist niemals jemand anderer.
Ein paar zusammengemixte Elemente, die einem Wesen gehorchen. Die Seele ist dein Zentrum, mache dich auf die Suche nach ihr.
Oder willst du in diesem Leben nur deinen Tempel wahrnehmen,
und niemals dich selbst?

Sammle keine Güter, sie bleiben nicht,
sie vergehen wie dein Körper.
Sammle Erkenntnis,
die Nahrung deiner Seele,
Deiner SELBST.

Erkenntnis ist keine Antwort,
Erkenntnis bist du SELBST.
Wie könnte ich dir darüber erzählen?

Erkenne dich SELBST,
dann erkennst du, dass es keine Fragen gibt.

Nicht einmal dieses Buch ist nötig
für dich SELBST.

Im Sein ist nichts,
deshalb ist das SEIN.

Sei nicht irgendwo,
in anderen Räumen oder an anderen Orten.

Sei HIER und JETZT

Die Vergangenheit gibt es nicht mehr,
die Zukunft ist noch gar nicht da.
Du kannst kein Ziel haben,
keinen Ehrgeiz besitzen
zu keiner Erleuchtung gelangen wollen,
wenn du im JETZT bist.
Du bist dabei der wahrhaftige Mensch.
das, was dich ausmacht.

Bewusst-SEIN

Das Leben kennt viele Arten, sich aus der Materie zurückzuziehen. Die Form des Erfahrens daraus reicht vom Katastrophensterben über Ausrottung bis hin zur Selbstvernichtung.
Die Art der Menschheit von der Erde zu gehen, ist für die gesamte Rasse gleich. Dabei gibt es nur ein einziges Erfahren, nämlich das der Rassenseele.
IN dir steht dieses Schicksal schon geschrieben.

Lesen musst du es

S E L B S T

!!! I N L I E B E !!!

17 Sprüche

Kängurus springen.
Genauso, wie Heuschrecken.
Vögel fliegen
und Fische schwimmen.
Schnecken kriechen
und Wölfe heulen.
Schlangen zischen
und Maulwürfe graben.
Löwen laufen
und Winde pfeifen.
Bäume wachsen
und Hirsche röhren.

Sie alle sind glücklich!

Auch wenn dein (begrenztes) Bewusst-Sein denkt,
es kann nicht so sein.

Der Mensch geht und spricht.

Es IST

Kameras kontrollieren.
Fernseher dirigieren.
Nachrichten manipulieren.
Satelliten spionieren.

Stört dich DAS?

Warum?

Was hast du zu verbergen?

Dein Sein?

Ist ES so schlimm?

Warum änderst du ES dann nicht?

Die Energie für »Deinen Weg der VerÄnderung«
wünsche ich dir von ganzem Herzen.

Es gibt nur einen Weg des ErWachens,
den der Wahrheit.

Sie anzunehmen, an sie zu glauben,
IST diese Veränderung.
Nun ja, damit wären wir wieder beim Anfang,
beim

Offenen Geist

Kalte Zeiten dienen Jenen,
die Einsicht halten.
Warme Zeiten Jenen,
die sie trotzdem finden.

Es ist alles,
absolut alles von dem,
was du hier lesen kannst,
in der Natur vorhanden.
Nur hier liegt die ganze Wahrheit.
Die Wahrheit von all dem,
was du hier liest.

Immer wieder wirst du an Beispielen in der Natur erfahren, was die Wahrheit ist.
Oder denkst du, die Natur bemogelt uns?

Dann ist dein Verstand noch sehr verschlossen.

Aber:

Nur DU kannst dies ändern ...

NIEMAND Anderer als du!

Der Mensch will immer länger leben

Ist es gut, alt zu werden, um viel aus »Einem« zu erfahren, oder ist es besser, Zeit durch mehrere kürzere Erfahrungen zu erleben?

Erkenne den Vorteil, den es nicht gibt.
Genauso wenig wie den Nachteil.
Es gibt nur das

ES IST.

Sonst absolut nichts.
Deine Gedanken gaukeln dir diese
Sichtweise deines Geistes nur vor,
um dich IN der Dualität zu halten.
Je mehr du dieser Dualität »entfliehen« kannst,
desto größer wird deine Einsicht in das

All-Eins.

Desto weniger wirst du steuerbar.
Nicht steuerbar, nämlich frei zu sein,
hat jedoch absolut nichts mit Auflehnung,
Vandalismus oder Verurteilen zu tun.
Und auch nicht mit Gut und Böse,
Schwarz oder Weiß.

Es gibt stets nur ein

ES IST

Jeder Glaube (Christentum, Buddhismus etc.)
entfernt dich vom Glauben an dich selbst.

Deshalb glaube an dich, nicht an Andere,
denn nur du selbst kannst dein Leben verändern,
niemals Andere.
Darum bist es auch immer du, der an allem,
was dir im Leben widerfährt, selbst »schuld« ist.

Übernehme die volle Verantwortung für dich,
denn sie ist etwas, das du dein ganzes Leben an niemand Anderen abtreten kannst.

Dass du dies wohl kannst, ist eine Illusion, die dir vonseiten des »Systems«, in dem du lebst, nun schon lange genug vermittelt wird, um daran zu

GLAUBEN

Wenn dein Geist erwacht,

dann liegt dir die Materie

zu Füßen.

Darum:

Lasse deinen Geist erwachen,

Entdecke das Paradies IN dir.

Entdecke dich selbst,

DU Seele.

Wesen,
die Ihr mich begleitet,
Ihr seid mir so nah.

Wesen,
die Ihr mit mir mein Leben bestreitet,
Ihr seid so wunderbar.

Wesen,
die Ihr seid ein Teil von mir,
ach, Eure Liebe ist so nah.

Leben erwache,
denn du bist so rar.

In Dank und Liebe an
mein LEBEN

Grenzenlos

Die Grenzen, die du kennst,
die gibt es nicht.

KEINE davon ist wirklich existent!

Du selbst setzt sie dir,
niemand Anderer.

Warum tust du das?
Nur weil du nicht selbst an dich glaubst?
Eine der Säulen der Massenpsychologie ist die
des SelbstBewusstSeins.

Wie du siehst, steckt sogar in diesem Wort,
das Bewusst-Sein.
Werde dir deiner SELBST bewusst,
etwas anderes gibt es nicht für deine
ersten BewusstSeinsSchritte.

Je mehr du in deinem Leben
von diesen BewusstSeinsschritten zu dir selbst
gehen darfst, desto mehr darfst du alles UM dich erkennen.

Erkenne dich,
dann erkennst du dein Leben,

Das Leben Aller,
denn du bist All-Eins!

Liebe ist Leben

Lasse SIE erblühen

und du wirst sie ernten.

Ob du dabei die Blüte der Rose erkennst,

oder ihre Stacheln …

liegt in deiner Hand

Du BIST dein Leben

Wo Liebe ist,

kann kein Hass entstehen.

Es gibt immer das Licht,

denn die Dunkelheit wird von ihm verdrängt.

Das Gute ist immer die Nahrung;

ABER:

NICHTS existiert,

ohne genährt zu werden!

Die harmonischen Obertöne sind
stärker vorhanden,

als die tiefer schwingenden.

Jede Schwingung nährt also
die höheren Frequenzen

mehr als die tieferen.

Daran erkennst du:

ALLES bewegt sich hin zum Licht.

Das Gute siegt deshalb

immer über das Böse

Worüber machst du dir dann Sorgen?

Meditation

bedeutet nicht,

davon zu wissen,

sie zu kennen,

oder von ihr gehört zu haben.

Meditation bedeutet

MEDITIEREN

Meditation

ist deine innerste Natur

-DAS bist DU-

Sie ist dein

WESEN.

Sie hat nichts mit deinem Tun zu tun.

Du kannst sie

NICHT besitzen.

Sie kann nicht besessen werden.

Sie ist nicht ein Ding.

Sie ist DU

-Dein WESEN-

Osho

Das schönste und tiefste Gefühl,
das wir empfinden können,
ist das Mystische.
Es ist der Keim jeder Wissenschaft.
Jeder, der dieses Gefühl nicht kennt,
der nicht fähig ist,
sich zu wundern oder tiefste Achtung zu
empfinden,
ist, als ob er tot wäre.

Meine Religion besteht in einer
demütigen Bewunderung des
erhabenen und unbegrenzten Geistes,
der sich in den winzigsten Phänomenen,
die wir mit unseren schwachen
und unvollkommenen Sinnen
ermitteln können,
offenbart.

Albert Einstein

Man sieht nur mit
dem Herzen gut,
das Wesentliche
bleibt für das Auge
unsichtbar.

Antoine de Saint-Exupéry

Alles,

was sich findet,

verliert sich auch wieder.

Alles,

was sich verliert,

findet sich auch wieder.

... die Änderung der Schwingung ...
... Sie macht´s möglich.

Der Weg zum Sein

Durch die Meditation
wird dir Tür und Tor geöffnet.

Gib Acht, dass du dabei nicht abhebst,
die Erdung ist genauso wichtig (Dualität).

Stärke deinen Glauben an allem
als Mysterium Erfahrenen.

**Es gibt nur einen
König der Völker**

Es kann nur einer sein.

**Der, der die
Weisheit im Herzen trägt**

An deinem Staatssystem erkennst du,
woraus die heutige Weisheit besteht.

IN dir ist alles.
Außerhalb von dir ist Nichts.

Nichts,
was du nicht IN dir erfahren sollst.

Nichts,
was sich nicht mit dir in Resonanz befindet.

Deshalb:

Erkenne dich,
dann erkennst du dein
Umfeld.

Du selbst bist der Gestalter
deines LEBENS

Niemand außer dir

Du lebst HEUTE

Du lebst nicht umsonst in der heutigen Zeit.
Du selbst hast dir diese Zeit ausgesucht.
So viele menschliche Inkarnationen wie heute
gab es noch nie auf deiner Erde.
Ihr alle seid gekommen,
um diesen einmaligen BewusstSeinssprung mitzuerleben.

Die Menschheit war noch nie so frei wie heute.
Sie besaß noch nie ein so gewaltiges Werkzeug wie heute, um sich selbst zu bilden,
sich ihrer selbst bewusst zu werden.
Noch nie gab es so viele »alte Seelen« auf der Erde wie heute.
Natürlich gibt es immer noch Seelen,
die das erste Mal in einen menschlichen Körper inkarnieren.
Die wird es auch immer geben,
genau so, wie es Seelen gibt,
die gerade ihre letzte Inkarnation erLeben.

Wenn du die Welt als Paradies erkannt hast,
dann, wenn du dein Leben am meisten liebst,
weil du erkannt hast,
wie wundervoll es ist, zu leben,
genau dann darfst du dich verabschieden.
Dein Tun geht in dein Sein über.
Die geistige Welt benötigt ebenfalls Bewusst-Sein,
um es IN der Dualität steuern zu können.
Dann bist du für die Menschenfamilie als Geistwesen da.

Damit du im Irdischen erfahren darfst
und diese Erfahrung weitergibst,
betreut dich deine »BeLebenswelt«,
Du selbst, die Seele, die geistige Welt, das
All-Eins.

Du darfst durch die Zeit, IN der du gerade lebst, viele Früchte ernten.
Du kannst lesen und schreiben.
Es gibt so viele Bücher wie nie zuvor.
Das größte Informationsmedium, das Internet,
steht dir genauso zur Verfügung wie alle anderen Medien (Zeitung, Radio, TV, etc.).
Du kannst unter unzähligen Ausbildungsmöglichkeiten wählen und es gibt viele
»wissende« Menschen UM dich.
Die Welt wurde so geschaffen,
wie du sie heute vorfindest,
um dir die bisher beste Möglichkeit zu bieten,
dir deiner bewusst zu werden.

Die Menschheit war noch nie so frei,
frei um Bewusst-Sein IN sich aufzunehmen.

Du kannst Vieles lesen und lernen,
Du kannst viel nachdenken und diskutieren.

Doch du kannst nur eines TUN:

Deinen Weg SELBST gehen.

Es ist nicht die Theorie, die dich dein Leben lehrt,
es ist die Praxis.

Wenn du auch noch so viel über Meditation, Geistwesen, mediale Dinge und sonstige feinstoffliche Begebenheiten lernst,
TUN musst du selbst.

Meditieren kann niemand Anderer als du selbst.
Erfahren kannst nur DU, niemand außer dir.
Zu dir finden kannst nur DU.

Deshalb wünsche ich dir von ganzem Herzen, dass du

DEINEN Weg findest.

Gehe ihn!

DU BIST

Nimmst du die Wahrheit mit deinen Sinnen
oder mit deinem Gefühl wahr?
Mit deinem Tun
oder deinen Gedanken?
Mit all DEM,
was du mit deinen 5 Sinnen WAHRnimmst,
oder auch mit ANDEREN Sinnen?

Dein wahres Leben
wirst du niemals mit deinen 5 Sinnen erfahren.

Dein wahres Leben liegt IN Dir.
Es wartet darauf,
von dir entdeckt zu werden.

JETZT

Zu keinem anderen Zeitpunkt

Menschen

Im Laufe meines Lebens habe ich immer wieder Menschen kennen gelernt, die mir unverhohlen zu verstehen gaben, dass sie meine vielen Schritte, meine häufigen Veränderungen befremdend finden. Es waren Menschen, die selbst nur wenige Schritte in ihrem Leben gegangen waren. Es war daher nicht verwunderlich, dass viele von ihnen Probleme mit ihrem Bewegungsapparat hatten, denn so wie diese Menschen ihren Weg beschreiten, so gehen sie auch IM Leben.

Ich habe auch Menschen kennen gelernt, die mir meine Freiheit missgönnten, mir daraus einen Vorwurf machten. Sie wären gerne ebenfalls so frei gewesen wie ich. Es waren also Menschen, die bisher noch nicht erfahren durften, dass auch sie die Möglichkeit haben, in den Genuss dieser Freiheit zu gelangen.

In diesem Zusammenhang kommt mir ein altbekannter Spruch in den Sinn, der mehr Wahrheit in sich birgt, als du im ersten Moment erkennen kannst.

Ich bin Gott.
Du auch,
Du weißt es jedoch noch nicht.

Wisse:
Du bist der Schöpfer deiner Selbst.
Der Mitschöpfer des Universums,
erkenne DICH,
dann erkennst du alles.

Dein größtes Werkzeug der Erkennung ist die LIEBE.
Durch sie darfst du alles in seiner Wahrheit erkennen.

Weil ich dich niemals anhielt
halt ich dich fest.

Unter den Menschen, die meinen Weg kreuzten, gab es auch solche, die mir lieber über ihre Krankheiten als über ihre Gesundheit berichteten, die vorwiegend die schlechten Seiten ihres Lebens hervorhoben und die verlernt hatten, die guten Dinge in ihrem Leben zu schätzen.

In ihnen lernte ich Menschen kennen, deren Krankheiten ein Abbild ihrer Gedanken waren. Wie du mittlerweile weißt, ist dies die Resonanz der Schwingung.
Du wirst auch wissen, dass es sich bei allen Menschen so verhält.
Kosmische Gesetze kannst du nicht verändern,
doch sie verändern dich.
Selbst wenn du diese Gesetze nicht kennst,
sind sie für dich von Bedeutung,
denn dein ganzes Leben wird von ihnen gesteuert,
ob du danach handelst oder nicht.

Dir geschieht nach deinem Handeln.

Da die kosmischen Gesetze den Schlüssel zur Bewusstwerdung liefern, gibt es unzählige Bücher über sie, die dir Antworten auf deine Fragen geben können.
Entscheide selbst, ob du diese fünf Schlüssel in deinem Leben anwenden möchtest ...

Nur was DU formst,
kannst DU erLeben.
Nur das, was DU erLebst,
kann DICH formen.

Die Welt,
sie ist All-Eins.
Hast DU sie schon gesehen?
Oder willst DU
sie noch einmal begehen?

Liebe besitzt nicht,
Liebe genügt sich SELBST.

Du kannst kein Wesen »besitzen«,
keines, außer dich SELBST.
Laufe nicht vor ihm davon,
es holt dich immer wieder ein.

ES – das All-Eins

In LIEBE für DICH

18 1000 Lebenswege

Es gibt tausend Wege des Lebens.
Wenn du einen davon gehst, so wirst du erkennen,
dass es zweitausend andere Wege gibt.
Das Leben ist so vielfältig
wie die Wesen selbst,
die es gestalten.
Begegnungen gehören zum Leben
wie die Wesen selbst,
die sich dir gegenüber einfinden.

Du selbst, dein Schicksal, bringst dir dieses »Gegenüber«.
Das Wesen, aus dem du in diesem Augenblick erfahren willst.

Das Tor zur Wahrheit führt durch die Meditation.
Daraus kannst du erfahren,
was Leben ist.
Daraus kannst du zu dir selbst finden,
zu deinem ICH.
Dort liegt die gesamte Wahrheit.
Die Wahrheit des Lebens.
Das Warum zu Allem.

Suchen musst du allerdings selbst,
denn nur dann kannst du sie finden.

Die Wahrheit

Das All-Eins.
Beginne IN dir zu lesen und du liest das EINE Buch.
Es gibt nur EINES.

Das Buch des Lebens.

Es ist immer DA.

IN JEDEM

So viele Bücher mussten schon geschrieben werden,
um Euch von Euch zu entfernen.
So viele Dinge mussten schon erfunden werden,
um Euch von Euch zu entfernen.

So viel Materie, Geld und Macht
musste schon erzeugt werden,
um Euch von Euch zu entfernen.

So viele Sprachen müssen schon gesprochen werden,
um Euch von Euch zu entfernen.

Wozu du dich entscheidest,
liegt IMMER in deiner Hand.

Lebe IN Liebe.
Lebe IN DIR.

Nur dort kannst du sie finden.

Nur durch die Liebe in dir,
die Liebe zu dir,
kannst du das Tor zur Meditation öffnen.

Das Tor der Wahrheit öffnet sich durch Liebe.

Es ist immer IN dir
und dann
auch UM dich.

Die Welt geht ihren Weg,

Es ist kein schlechter Weg,
sondern der Weg des Erfahrens.

Dein Weg ist der Gleiche.
Du kannst die Welt nicht ändern,
lass' ihr ihren Weg.

Deinen Weg kannst du ändern,
die wahre Liebe ist der Weg der Erkenntnis.

Das
Erfahren
aus
dem
All-Eins

19 Allgemeines

Neutralität

Durch die Erfahrungen,
welche du aus deinem bisherigen Leben gewonnen hast,
nimmst du eine gewisse Stellung zu den Dingen des Lebens ein.
Deine Erfahrung lässt dich alle Dinge,
mit denen du konfrontiert wirst,
mehr oder weniger in »Gut und Schlecht« einordnen.
Dies oder Jenes würdest du tun oder auch nicht tun.
Da es viel mehr andere Wege gibt als den Deinen,
gibt es auch viel mehr Dinge, die du nicht tun würdest als solche,
die du als richtig empfindest.
Je größer dein Erfahrungsweg wird,
desto mehr darfst du beide Seiten
von ein und derselben Erfahrung erLeben.
Durch das stets größer werdende Erkennen beider Seiten
verhältst du dich zu immer mehr Erfahrungen neutral.
Die Kreisläufe schließen sich.
Der Kreislauf des All-Eins, der Punkt, die Unendlichkeit.

... wie ein Kegel, die »runde Pyramide«.

Dies ist nichts anderes als dein »Grad der Weisheit«.
Du kannst auf dem materiellen Weg weise werden,
oder auf dem geistigen Weg; ganz wie du magst ...

Demut

Einen Teil deiner Demut kannst du leicht an dir selbst feststellen.
Es ist dies natürlich der materielle Teil deiner selbst.
Aber genau dort nimmt die Demut ihren Anfang.
Dort ist der Beginn:

Beobachte selbst,
wie du in den verschiedensten Situationen deines Alltags
mit der dich umgebenden Materie umgehst.
Ruinierst du öfter etwas?
Bricht dir Geschirr oder andere Materie?
Schlägst du Türen zu oder schenkst du irgendwo
anders der Materie zu wenig Aufmerksamkeit?
Die Ausdrücke, die wir heute für dieses Verhalten finden, sind, um nur einige zu nennen: Hektik, UnBewusstheit oder Gedankenverlorenheit.
Auch eine gewisse Form der Ordnung zählt dazu.

Die seelische Demut beginnt bei der Belebung deiner selbst.
Dein Körper sendet dir so viele Signale.
Erkennst du diese manchmal oder gehörst du etwa zu den unaufmerksamen Menschen?
Kannst du an deinem Körper spüren,
welche Nahrung ihm »schmeckt«?
Nicht mit deinem Geschmackssinn,
sondern durch deinen Energiezustand.
Womit bist du zufrieden, womit nicht?

Die geistige Demut erfährst du in der Natur.

Dort darfst du die Erfahrung genießen, wie unendlich glücklich dich deine innersten Freudentränen machen können.
Tränen deiner innigsten Verbundenheit.
Tränen des Glücks ...

Du Selbst - Dein All-Eins

Inkarnation

Jeder von uns hat schon mehrere Male auf diesem Planeten gelebt. Jeder, denn wir alle waren zuerst Stein, dann Pflanze, dann Tier und heute Mensch.
Alles in der materiellen Welt bewegt sich von der einen Seite zur anderen und wieder zurück. Alles verläuft in Schwingungen. Jede Schwingung selbst verläuft wiederum in einer langsameren Schwingung. Die Gleichspannung, in der alles verläuft, ist die Unendlichkeit; das, was wir als Gott bezeichnen.
Unsere Tag- und Nachtschwingung, unsere Mondphase, unsere Jahreszeiten, ja sogar unser Herzschlag und unsere Atembewegung.
Alles im Kosmos verläuft nach diesen Schemen.
Genauso unser Lebenskreis.
Die BeLebens-Seite IN der Materie, dort wo du dich gerade befindest.
Die ErLösungsseite IN der geistigen Welt, dort, wohin du zurückkehrst.

Wie das Pendel einer Uhr.
Du kannst die Bewegung des Pendels nach rechts als deinen Wechsel in die Erlösung und die Bewegung des Pendels nach links als deinen Wechsel in die BeLebung sehen. Was für dich links und rechts bedeutet, überlasse ich dir …

links	rechts
Leben	Tod
Inkarniert	Anderswelt
Körper	Seele
Materie	geistige Welt

Heilung

Heilung ist immer möglich.
Jedes UnHeil ließen wir in unseren Körper einziehen;
also können wir auch jedes Heil einziehen lassen.

Jede Krankheit, die kommt, kann auch wieder gehen.
Gehen LASSEN musst du sie selbst.

Ein »Gehen Lassen« durch die geistige Einsicht ist die einfachste und wirksamste Form der Heilung.

Dein Geist formt die Materie.
NICHT umgekehrt!

Die Elemente

Das All-Eins (der Äther, das Akasha) schuf EIN Element.
Das EINfachste Element,
den Wasserstoff.
Daraus entstanden alle anderen Elemente.

Feuer, Luft, Wasser und Erde.
Wasserstoff ist die Verbindung der Ebenen.
Das UrElement der Materie.

Jedes Leben, welches aus der Materie herauswächst,
benötigt daher IN sich diese 4 Elemente.

Wir können uns nun in unserem Leben für kurze Zeit auf der Erde bewegen. All diese Elemente müssen wir jedoch immer in uns tragen.

Das Element Erde

Um aus der Erde herauszuwachsen, benötigen wir – wie jede Pflanze auch – Wurzeln.
Es sind unsere Füße, die wie Wurzeln aus unserem Wurzelchakra, aus unserer BeLebung, herauswachsen.

Das Element Wasser

Oberhalb unserer Wurzel liegt die Verdauung.

Das Element Luft

Die Lunge und das Herz transportieren die Atemluft durch unseren Körper.

Das Element Feuer

Der Energieverbrauch des Kopfes, die Hitze der Gedanken, die Steuerzentrale der Materie.

So, wie uns die Mutter Erde die Materie leiht,
so müssen wir ihr Ebenbild Sein.

EinzigArtig

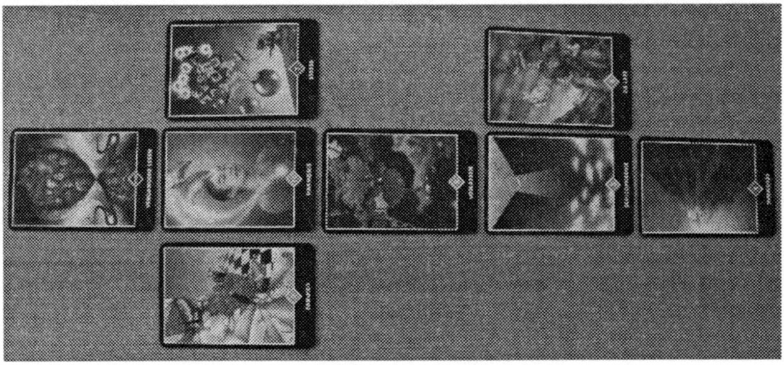

Der Schlüssel des Tarot

20 Zeitschiene

Der Verlauf der Zeitschiene der gesamten Erde ist nicht leicht nachzuvollziehen. Mit anderen Worten: Die Erdaura führt keine Zeitschiene mit sich, aus der man das Alter der Begebenheit erkennen könnte.
Wie die Aura des Menschen, besitzt auch sie ein Schwingungsmuster, das aus all dem Vorhandenen entstanden ist. ES IST also alles gespeichert.
Deine Aura zeigt dir dein bisher Erfahrenes und das dir derzeit bewusste Schwingungsmuster.

Es liegt an deinem Bewusst-Sein,
wie, wann und weshalb du dir bewusst wirst (Schicksal).

Auf dem Weg deiner Bewusstwerdung kannst du immer wieder feststellen, dass alles IN dir und UM dich einfacher wird. Das ist deswegen verständlich, weil dir alles, was du kennst, einfacher scheint als das Unbekannte.

Dein Leben wird dadurch zusehends einfacher und du erkennst folglich immer mehr von der Einfachheit der Schöpfung.

Die gesamte Materie darf aus der Einfachheit ihrer selbst erfahren.
Aus dem, was IST.

Zu SEIN ist einfach.
So einfach, dass viele Menschen verlernt haben, zu leben. So einfach ist alles, wenn du geschehen lässt und nicht mehr glaubst, dass du das Geschehen lenkst.
Solange du dich dieser Illusion hingibst,
wirst du das wahre Leben nicht erfahren.

Dein ist das Leben IN Liebe.
Dadurch verläuft dein Schicksal auf deinem Weg der Bestimmung harmonisch. Je mehr du in dieser Harmonie lebst, desto harmonischer wird dein Schicksal.
Je mehr du IN Hass, Angst oder ähnlichen Zuständen lebst, desto mehr gerätst du mit diesen Schwingungen, mit diesen Wesenheiten, in Resonanz und desto mehr lässt dich dein Schicksal davon erleben.

Bedenke IMMER:

Das Leben ist EINFACH.

Kompliziert machte es erst der Mensch.

Alle Menschen, denen bewusst wird, dass nicht die Schulmedizin sie heilt, dürfen das Heil-Sein erfahren.
Die so genannten »Unfälle« treten ja ebenfalls nur durch nicht erfahrenes Bewusst-Sein ein.
Du selbst bist es ja, du selbst schöpfst dir deine Zukunft.
Du brauchst deine Bestimmung nicht verändern, du könntest dies ja sowieso nicht. Du brauchst sie nur annehmen, so wie dein Leben.
Deine Bestimmung ist maßgeschneidert für dich selbst - für DEIN Leben.
Werde dir deiner selbst bewusst,
dies ist dein Leben – dein Schicksal.

IN dir liegt die Wahrheit
– niemals AUSSERHALB von dir!
Was soll ich dir sagen?
Was beschreiben oder erklären?
Was möchtest du wissen,
außer DEM,
was IN dir ist?
ES ist ALLES.

Mehr gibt es nicht.

Kannst du den vorgehenden Absatz auf dich wirken lassen, ohne darüber nachzudenken?
Das All-Eins ist nicht wirklich erklärbar, nur IN uns fühlbar ...

Die Meditation lässt sich nicht erklären.
Du kannst sie nur »versuchen«.
Glaube mir, sie ist es wert, versucht zu werden.

Gönne dir täglich eine Pause und versuche, dich zu entspannen, und Ruhe in dir zu finden, um mit Hilfe der Meditation Schritt für Schritt zur EinSicht IN das All-Eins zu gelangen.
Lasse in dieser Pause dein Leben an deinem geistigen Auge vorbeiziehen.
Betrachte dein Leben als Zuschauer.

Dein »zur Ruhe« kommen ist dein zu DIR kommen.
Wie lange du dafür brauchst,
liegt bei dir.
Ganz richtig, es liegt nur bei dir.
Immer und immer wieder liegt ALLES bei dir,
Vielleicht bis du der ständigen Wiederholung des bereits einmal Gesagten schon überdrüssig geworden.
Doch glaube mir, es kann nicht oft genug wiederholt werden, denn schließlich geht es ja um deinen Weg der Bewusstwerdung.

Einen anderen Weg gibt es nicht.
Du kannst dir dazu Zeit lassen, so lange du magst.
Du sollst mit diesem Buch ein paar Dinge deines Leben erkennen und dadurch einige »NEUE« erfahren.

Es gibt kein wirkliches NEU, denn alles was ist, das war schon einmal.
Alles, was war, wird wieder sein.
Und alles, was sein wird,

BIST DU

Ausschließlich DU und nichts anderes!
Siehst du darin etwas Kompliziertes?

Ja?

Dann ergründe, was dich von deinem Sein abhält.
Erkenne DAS, was dein Leben dir »kompliziert« erscheinen lässt, und welche Dinge es sind, die dich von deinem Weg, deinem Glück und von deinem

SEIN

entfernen.

Warum willst du das auf dich nehmen?
Wozu brauchst du diese Dinge noch?
Sind sie DAS, was dir zum Paradies fehlt?

Lass' mich dazu sagen:
Dir fehlt nichts; im Gegenteil, du hast zu viel!

Zu viel von dem, was dich an die Materie kettet.
Zu viel an Dingen, die dich von dir entfernen.

Du lebst zu viel IN deinen Sinnen,
die nichts anderes sind als die »Übermittler«
der materiellen Schwingungen,
die Trafos zu der Welt, IN der du lebst.
Wenn du deine Sinne als Lichter wahrnimmst,
die deinen Lebensfilm beleuchten,
dann bist du in Harmonie mit Dir.

Werde dir deines Abstandes zu dir selbst bewusst,
um DICH zu lieben,
dich selbst anzunehmen.
Du spürst, was deinem Körper gut tut und was nicht. Je mehr dein Bewusst-Sein zunimmt, desto schwerer wird es dir fallen, deinem Körper irgendwelche Gifte zuzuführen.

Der Grund dafür liegt auf der Hand:
Du verspürst seine Reaktion sehr deutlich.

Die ersten Inkarnationen der Menschenrasse sind noch nicht alt. Die große Zahl der Vorfahren, die du besitzt, schrumpft daher auf eine relativ gut überschaubare Menge zusammen.

Ich lebe mein Leben
in wachsenden Ringen,
die sich über die Dinge ziehen.

Ich werde den Letzten
vielleicht nicht vollbringen,
aber versuchen will ich ihn …

R. M. Rilke

21 Buchende

In der einschlägigen Literatur wirst du sicherlich auf Material stoßen, dessen Inhalt mit meinen Erfahrungen in Einklang steht, denn keine Schwingung ist isoliert vorhanden. Alles Existierende formt sich in einer Vielzahl, niemals allein und dennoch einzigartig.

Finde dein Sein,
Du allein bist es wert
DIESES zu finden!

Da ich vor etwa 2 Jahren eine große Vielfalt an Fakten über unser Chakrensystem erfahren durfte, mit dessen Hilfe du einen der größten Abschnitte auf deinem Lebensweg zurücklegen kannst, habe ich dieses Thema ebenfalls in einem Buch behandelt. Falls die entsprechende Nachfrage dafür vorhanden ist, wird es ebenfalls in Druck gehen. Solltest du daran interessiert sein, kannst du es bereits jetzt vorausbestellen. Es ist keinesfalls ein »alltägliches« Chakrenbuch.

Du hast nun im 1. Buch die Vergangenheit kennen gelernt. Das »woher komme ich«.

Im 2. Buch (»Das Chakrenbuch«) wirst du die Gegenwart, das »wer bin ich« erfahren.

Das 3. Buch behandelt die Zukunft,
das »wohin gehe ich«.

... Du selbst bestimmst sie,
kein anderer außer dir ...

Über Fragen, Interesse, oder kritische Kommentare etc. freue ich mich natürlich ganz besonders.

Bei Interesse an Seminaren bitte ich,
diesbezügliche Anfragen an

menhyr@gmx.at

zu richten.

DANKE

Bevölkerungszahl (angenommen)	Halbierung	Jahre bis zu "Adam & Eva" zurück, bei einer angenommenen Wachstumsrate von:						
	810000000	**50**	**40**	**30**	**25**	**22**	**20**	**18**
8.100.000.000	405000000	100	80	60	50	44	40	36
	202500000	150	120	90	75	66	60	54
	101250000	200	160	120	100	88	80	72
	50625000	250	200	150	125	110	100	90
	25312500	300	240	180	150	132	120	108
	12656250	350	280	210	175	154	140	126
	6328125	400	320	240	200	176	160	144
	3164063	450	360	270	225	198	180	162
	1582031	500	400	300	250	220	200	180
	791016	550	440	330	275	242	220	198
	395508	600	480	360	300	264	240	216
	197754	650	520	390	325	286	260	234
	98877	700	560	420	350	308	280	252
	49438	750	600	450	375	330	300	270
	24719	800	640	480	400	352	320	288
	12360	850	680	510	425	374	340	306
	6180	900	720	540	450	396	360	324
	3090	950	760	570	475	418	380	342
	1545	1000	800	600	500	440	400	360
	772	1050	840	630	525	462	420	378
	386	1100	880	660	550	484	440	396
	193	1150	920	690	575	506	460	414
	97	1200	960	720	600	528	480	432
	48	1250	1000	750	625	550	500	450
	24	1300	1040	780	650	572	520	468
	12	1350	1080	810	675	594	540	486
	6	1400	1120	840	700	616	560	504
	3	1450	1160	870	725	638	580	522
	2	1500	1200	900	750	660	600	540
	1	1550	1240	930	775	682	620	558